Der Blumenmönch

Sei ruhig *unvernünftig*

Der Blumenmönch

Sei ruhig *unvernünftig*

Verlag Laupp & Göbel

Kontakt:

EBK – Die Blumenmönche
Schubertstraße 18–20
72581 Dettingen an der Erms

Mail: ebk@ebk-blumenmoenche.de
Web: www.ebk-blumenmönche.de

Bruder Theophilos
Mail: br.theophilos@ebk-blumenmoenche.de
Instagram: bruder_theophilos
Facebook: brudertheophilos
Telegram: t.me/brudertheophilos
WhatsApp: +49 1743387611 (Mut.Mach.Worte)

Bibliografische Informationen der Deutschen Nationalbibliothek
Die Deutsche Nationalbibliothek verzeichnet diese Publikation in der Deutschen Nationalbibliografie; detaillierte bibliografische Daten sind im Internet über http://dnb.dnb.de abrufbar.

ISBN 978-3-947217-23-6

1. Auflage, 2020

Fotografien: Bruder Theophilos

Gesamtherstellung:
Vereinigte Druckereibetriebe Laupp & Göbel GmbH, Robert-Bosch-Straße 42, 72810 Gomaringen, www.meine-druckerei.de

Printed in Germany

Dieses Buch widme ich meinem Prior

W. F. Rudolph.

Als leidenschaftlicher Verkündiger hat er den Samen gestreut,
Gottes Wort zu lieben und sich in jeder Phase des Daseins davon bestimmen zu lassen.
In plastischer Radikalität und mit einfacher,
moderner Sprache, soll es hinausgetragen werden.

Ihm verdanke ich eine harte, gute Schule,
die nun zu diesem wunderbaren Ergebnis geführt hat.

Die Blumenmönche

Kutte, Mönch und Ordensschwester, Blumen, LKW und Floristik – keine alltägliche Kombination. Die Blumenmönche sind inzwischen knapp 50 Jahre alt – entstanden aus einer Handvoll junger Christen.

Heimat ist Dettingen an der Erms, am Fuße der Schwäbischen Alb. Die Klosteranlage am Waldrand integriert ein Feierabendzentrum für fast 40 pflegebedürftige Menschen mit individueller Begleitung. Dazu ein Gäste- und Tagungshaus für Einzelgäste, Gruppenangebote und Seminararbeit.

Der Name, EBK – Evangelische Bruderschaft Kecharismai, beinhaltet das Motto: „Gott gibt und schenkt aus Gnade". Der glaubende Mensch erhält alles was ihn ausmacht von seinem Schöpfer. Göttliche Liebe entfaltet ungeahnte Fähigkeiten, die beim Leben und Arbeiten andere ermutigen und aufbauen will.

Dem Broterwerb diente von Anfang an der Gartenbaubetrieb. Vermarktet werden die Erzeugnisse per LKW-Flotte auf etwa 20 Wochenmärkten pro Woche zwischen Ulm und Stuttgart. Dazu kommt das außergewöhnliche Blumenhaus in Dettingen.

Zu den gartenbaulichen Aktivitäten kommen diakonische, seelsorgerliche und Verkündigungsdienste hinzu. Sonntags findet in feierlichem Rahmen der öffentliche Gottesdienst statt. Eine andere Art der Verkündigung geschieht durch „Theater im Kloster" im modern ausgestatteten Schauspielhaus. Dazu die „Multi-Media-Schauen" im digitalen Zeitalter.

Die Blumenmönche sind eine Ordensgemeinschaft, deren Lebensinhalt verbindliche Christusnachfolge ist. Dreimal täglich sammelt sich die Gemeinschaft zu den Stundengebeten. Die Brüder und Schwestern sind ökumenisch geprägt und leben auf der benediktinischen Grundlage von „bete und arbeite".

Vorwort

Dieses Buch ist ein Livemittschnitt täglicher Reflektionen. Seit Oktober 2015 geht er über einen WhatsApp-Broadcast hinaus, um für viele kraftschöpfender Lebensbegleiter zu sein. Er soll vor allem Mut machen, sprudeln und keine wissenschaftliche oder theologische Arbeit sein. Die Sprache ist schlicht und bildhaft, um mit biblischer Wahrheit Räume zu erschließen die im Alltäglichen verborgen sind.

Die kurzen Häppchen sind dazu geeignet, einzelne Worte zu meditieren oder anhand des Inhaltsverzeichnisses nach Antworten zu suchen, auf eine Frage die unter den Nägeln brennt. Es können Impulse sein, um sie anderen als Mut-Mach-Worte vorzutragen. Die Fotografien wollen inspirieren, das Buch aufgeschlagen auf ein Sideboard zu legen, um im Vorbeigehen innezuhalten.

Seit 1981 lebe ich meine Berufung bei den Blumenmönchen aus. Als gelernter Schreiner war ich im Aufbau des Klosters bei den Roh- und Innenausbauarbeiten eingesetzt. Über „learning by doing" wurde ich in den Broterwerb der Gemeinschaft, das Blumen binden, eingeführt. Im Jahr 1992 bekam ich die Verantwortung für unser Blumenhaus übertragen. In „Wintersemestern" sorgte Prior W. F. Rudolph für die theologische Grundausbildung, um mehrere Brüder für den Verkündigungsdienst fit zu machen.

Es brennt in mir, lieber Leser, sie an dem teilhaben zu lassen, was meinem Glauben ausmacht. Den Schicksalsschlag, den wir 2003 mit dem Großbrand erlitten und die vier Finger, die ich an meiner rechten Hand absägte, sind der rechte Dünger, für ein Leben, das sich aus der Asche erhebt.

Sie halten zweihundert Texte in den Händen, die eine Jury aus annähernd 2.000 Veröffentlichungen auswählte. Jederzeit können sie sich zu dem Verteiler anmelden und die Fortsetzung erleben.

Dettingen an der Erms, September 2020
Bruder Theophilos

Einführung

Der Gottesliebhaber – Bruder Theophilos

Morgens, wenn der erste Sonnenstrahl das Ermstal erleuchtet, wenden sich die Blumen, um ihn zu begrüßen. Wo sich die Erms leise durch die üppigen Wiesen bei Dettingen durchschlängelt, nimmt ein Mönch diese magische Szene auf. Bruder Theophilos lebt im Kloster am Waldrand, und steht vor dem Sonnenaufgang auf, um das „Losungs-Wort" zu lesen. Das Wort erfüllt ihn, bringt ihn zum Nachdenken, zum Meditieren, verzaubert. Theophilos schreibt seine Gedanken und Eindrücke in seinen Rechner und verschickt sie per WhatsApp. Hunderte von Menschen lesen diese Botschaft, lassen sich mit Hoffnung erfüllen, finden Verständnis und fangen an, sich zu besinnen.

Der Blumenmönch träumt davon, Menschenaugen für die göttliche Schönheit zu öffnen, wie er sie in einer Blume, in einem Lächeln oder Blick sehen kann. Wegen seiner Liebe zur Natur und besonders zu Blumen, wurde er beauftragt, den Blumenladen des Klosters zu betreiben. Eine Rose weiß genau, wer sie ist und steht dazu in der prallen Sonne oder im Schatten, bei Regen oder Schnee. Die Rose beschenkt ihre Bewunderer mit Duft und verjagt die Feinde mit Dornen. Theophilos versteht die Blumen, kann ihre Sprache erahnen und dieses Geschenk enthüllt in ihm die Kraft, die jedem Geschöpf innewohnt.

In der größten Krise der Blumenmönche, in der Kirche und Kloster ein Raub der Flammen wurden und sein ganzes Eigentum, Fotos und Kameras zu Asche verbrannten, sah er seinen Reichtum in dem Wort, das durch seine Adern pulsierte. Als er mit einer Tüte voller Habseligkeiten auf der Straße stand, die ihm Leute in den Tagen danach geschenkt hatten, überfiel ihn ein tiefes Glücksgefühl. Er verspürte in diesem Moment das Göttliche in sich, das viel mehr ist, als alles, was man selbst erwirtschaften kann. Ein Glück im Unglück. Das inspiriert ihn, sein Glück mit anderen zu teilen.

Elena Tolstosheeva

Danksagung

Dieses Buch war nie geplant. Doch da war die Anfrage: „Gibt es ein Buch von diesen Betrachtungen? Ich lebe in Spanien. Sie haben mindestens einen Leser dort. Ich kann mir vorstellen, sie immer wieder zu lesen.“

Dann waren zudem die Spaziergänge mit der Personalerin und dem Blumenmönch. Anfangs waren es Gespräche unter Businessleuten, die über Personalkongresse aufeinandergestoßen sind. Mönch und Unternehmer sein ist eine delikate Spannung. Wenn Glaube und Geschäft auf einen Nenner gebracht werden sollen, dann zählen nicht allein die klassischen Erfolgsmodelle der Wirtschaft, sondern viel mehr noch die Schatzkiste des Heiligen Geistes. Sie sagte: „Mach ein Buch mit deinen Wort-Impulsen. Das brauchen die Leute heute.“ Es forderte von ihr viel Geduld, bis ich zu diesem Schritt bereit war. Liebe Susanne Neudeck, danke für deine Hartnäckigkeit, mit der du für dieses Projekt gekämpft hast.

Danke Stefan und Yvonne Burkert, die Verleger und Drucker von Laupp & Göbel. Von unserer ersten Begegnung wart ihr überzeugt, das Buch muss kommen, und zwar schnell. Wo du, Stefan, die Auswahltexte noch nicht hattest und nur zwei Bilder zu einer Layout Seite mit Text zusammengestellt hast, haben deine Augen gefunkelt und mir etwas vorgeschwärmt. Du warst ständig davon beseelt, etwas Großartiges zu erschaffen.

Ich danke dem „Auswahl-Team“, Susanne, Conny, Sibylle, Wolf und Br. Justus, für jede Minute, die ihr geopfert habt, in kürzester Zeit die Texte fürs Buch auszuwählen. Aus nahezu 2.000 Vorlagen habt ihr euch leiten lassen, was für jeden Leser das Beste sein könnte, das ihn ermutigt und weiterbringt.

Danke Elena, für das tiefschürfende Interview, mit dem du für ein bulgarisches Wissenschafts-Magazin, meine Glaubensgeschichte portraitiert hast. Schön, dass ich davon deine malerische Einleitung für das Buch verwenden durfte.

Danke für jeden, der an dieses Projekt geglaubt hat und es betend begleitete. Ihr habt mich und uns alle damit reich beschenkt.

Inhaltsverzeichnis

Den Himmel gibt's geschenkt

Was habe ich dir getan, mein Volk, und womit habe ich dich beschwert? Das sage mir! Mi 6,3

Oft haben wir das Problem des großen Bruders, vom verlorenen Sohn. Wir verstehen nicht, warum der Vater solch ein Aufsehen für einen Davongelaufenen macht. Wir haben treu und brav unseren Dienst erledigt, die Lasten gebuckelt, dass der Betrieb läuft und dann kommt der, der alles verjubelt hat und wird noch gefeiert. Wie kann Gott so gütig sein? Hat er denn kein Auge für die, die treu zur Stange gehalten haben? Ist dieser Lump mehr wert als ich, der alles gegeben hat? Ist deine Barmherzigkeit nicht ungerecht und ein Schlag ins Gesicht für die, die es ernst gemeint haben? Lohnt es sich überhaupt fromm zu sein, wenn die, die ein ganzes Leben verbockt haben, selbst am Kreuz noch im Paradies landen? Wie schnell fängt der Gutmensch in uns das Kochen an und bildet sich etwas darauf ein, wie rechtschaffen er ist. Gott fragt: Warum hast du ein Problem damit, wenn ich barmherzig bin? Warum willst du den verdammen, über den ich mich erbarmen will? Ich sage: Ich gebe dir Christus, dass für alle der Himmel offen steht!

Den Himmel kann sich keiner verdienen. Das hat selbst Hiob erfahren, der alles richtig gemacht und doch alles verloren hat. Das Fest beginnt, wo die Barmherzigkeit über einen Menschen hereinbricht. Gottes Erbarmen ist unser Glück. Das Eigentliche des Lebens bekommen wir geschenkt. Die Wertschätzung Gottes bekommen wir nicht für Leistung und Gehorsam. Der Himmel beginnt nicht dort wo wir gut sind, sondern wo unsere Erbärmlichkeit gen Himmel schreit. Dort bricht Jubel aus, wo unser Versagen in die offenen Arme läuft. Dort, wo wir uns nicht mehr krampfhaft etwas vormachen und gut dastehen wollen. Den Himmel bekommt der geschenkt, der sich in seiner dunklen Stunde umarmen lässt.

Verkrampfen wir uns, oder lassen wir uns lieber beschenken?

Denke riesengroß

Der Herr sprach zu Salomo: Bitte, was ich dir geben soll! Salomo sprach: Du wollest deinem Knecht ein gehorsames Herz geben, dass er dein Volk richten könne und verstehen, was gut und böse ist. 1. Kön 3,5-9

Wunschkonzert beim lieben Gott. Was würden wir uns wünschen, wenn uns ein Engel oder eine gute Fee solch ein Angebot machen würde? Was hier geschieht, wagen wir in unseren kühnsten Träumen nicht auszumalen. Du hast einen Wunsch frei, ohne irgendwelche Einschränkungen. Äußere deinen größten und wichtigsten Wunsch. Sei nicht kleinlich, sei nicht zurückhaltend, habe keine Hemmungen, denn alles ist möglich. Wünsche dir Geld, ein wunderschönes Haus, eine traumhafte Familie, Frieden auf Erden, sag, was ich dir geben soll. Dieses Angebot ist nicht limitiert auf maximal eine Million Euro. Sag, was du willst!

Salomo wünscht sich ein gehorsames Herz und Weisheit. Ist denn der verrückt? Das ist die Chance seines Lebens, so richtig aus den Vollen zu schöpfen und dann so was. Da hat er einen Goldesel neben sich und dann solch eine Bescheidenheit. Doch ist sein Wunsch wirklich bescheiden? Als junger Staatsmann in höchster Verantwortung, sieht er seine menschlichen Grenzen. Er sieht sich dem Konflikt ausgesetzt: Allen Leuten recht getan, ist eine Kunst die niemand kann. Für die Aufgabe, an die ich gestellt bin, brauche ich mehr als Verstand. Ich brauche einen siebten Sinn. Ich brauche einen Geist, der höher ist als alle menschliche Vernunft. Ich wünsche mir den Durchblick eines Christus, der die Leute anschaut und um alle Zusammenhänge weiß. Ich möchte in der Weisheit des Ewigen stehen. Auf einmal sehen wir, das ist nicht nur ein frommer Wunsch, das ist das höchste der Gefühle. Ein Mensch in der absoluten Autorität des lebendigen Gottes. Salomo ging mit seiner Weisheit in die Geschichte ein und wurde leuchtendes Beispiel für großes und weites Denken.

Welcher Wunsch erweitert unser Denken und unseren Glauben und reißt die Türen des Himmels auf?

Der genialste Menschenentwickler

Ich will ihnen einen einzigen Hirten erwecken, der sie weiden soll. Hes 34,23

Was Propheten immer wieder ankündigten, ging mit Jesus Christus in Erfüllung. Mit diesem Hirten hat der Herr des Universums auf der Erde die Führung übernommen. Da soll das Optimalste aus jeder einzigartigen Biografie werden. Da kennt einer die Materie durch und durch und reizt sie bis zum Letzten aus. Unter dieser Führung werden wir zum Besten werden, der wir sein können. Eine absolut unglaubliche Verheißung. Hier ist einer, der wie kein anderer, das größte Interesse daran hat, das ganze Potenzial im Menschen auszuschöpfen. Er ist keiner, wie die Führer unserer Zeit, die ihre Schafe klein halten, sondern er will groß machen. Mit größtem Erbarmen dringt er zum Kern. Volksführer, die die Ehebrecherin steinigen wollten, pfeift er zurück und malt ihr eine neue Perspektive auf. Führung, die nicht an Abgründen stehen bleibt und mit Verachtung straft, sondern Wege der Entwicklung und des Gesundwerdens aufzeigt. Diese Führung ist die höchste Gnade, die ein Mensch auf Erden erfahren kann.

Jesus sagt: Ich bin der gute Hirte und die Meinen kennen mich. Damit liegt in-dem-Christus-kennen, die ganze schöpferische Wirkungsmacht einzigartiger Entwicklung. Wenn er die gute Führung ist, liegt in ihm der Schlüssel zu unserer wahren Persönlichkeit. Damit bekommen wir die Chance, zu dem Menschen zu werden, den sich Gott von uns gedacht hat. Da haben alle Ereignisse in unserem Leben einen tiefen Sinn, weil sie mit unserer Entwicklung zu tun haben. Da entfaltet sich der ganze göttliche Vorrat, den er in unser Leben gepackt hat. Wo wir ihn kennen, brauchen wir keine Angst vor der Zukunft zu haben und wir haben die Quelle, aus der sich das Beste unseres Lebens entwickeln kann.

Von wem oder was erwarten wir die Führung, die uns einzigartig macht?

Steh auf und werde Licht

Das Volk, das im Finstern wandelt, sieht ein großes Licht, und über denen, die da wohnen im finsteren Lande, scheint es hell. Jes 9,1

Tag der Deutschen Einheit: Das Ergebnis der Revolution von Licht und Gebeten. Unvergesslich bleiben die Bilder, wie Tausende vor dreißig Jahren mit ihren Kerzen durch die Städte unseres geteilten Landes liefen. „Wir sind das Volk", das Licht in Stacheldraht und ein vernageltes System bringt. Ich durfte es miterleben, wie wir von der Nikolaikirche in Aue aus durch die ganze Stadt, an der Stasizentrale vorbei, bis zur Kreisleitung am Busbahnhof zogen. Licht hatte die Menschen innerlich aufgeladen und miteinander verbunden. Licht war Symbol gegen Menschenverachtung. Licht hatte die aufgefahrenen Panzer in Leipzig in die Knie gezwungen.

Die Wissenschaft lehrt, Materie ist nichts Festes, sondern alles schwingt. Unser Körper, unser Haus, die Natur, die Luft, die wir atmen, sind schwingende Energie. Energie sind Lichtwellen. Alles was wir sind und uns umgibt, ist Licht. Licht ist das Kleid der Schöpfung. Gott ist Licht. Jesus sagt: „Ich bin das Licht der Welt und ihr seid das Licht der Welt." Wo das Volk ein großes Licht erkennt, ist das die totale Gotteserkenntnis. Da leuchtet ein Stern über dem Stall von Bethlehem. Da wird Licht in einer Krippe geboren. Hirten und Gelehrte kommen unter Lichtgestalten am Himmel in Schwingung. Sie erfahren, dass dieses Licht in ihnen geboren werden will. Sie werden daran erinnert, sie sind das Licht, das in die Welt strahlt.

Bei dem Vielen, wo uns die Lichter ausgehen, will uns dieses Licht an unseren Ursprung erinnern. Wir sehen ein großes Licht, wenn uns aufgeht: Wir sind Kinder des Lichtes. Das ist die Revolution, die die Welt verändert. Du bist Licht, und selbst die kleinste Kerze kann Herzen bewegen.

Wie könnte das in mir geboren werden, was schon längst da ist?

Hemme nicht dein Wachsen

Wer immer den Tag des geringsten Anfangs verachtet hat,
wird doch mit Freuden den Schlussstein sehen. Sach 4,10

Sacharia hatte das herbe Brot zu essen, aus Schuttbergen den Tempel wieder aufzubauen. Ein mühsames Projekt, bei dem man am Anfang nicht viel sehen konnte, außer Spötter die sich das Maul verrissen und ihn lächerlich machten. „Das ist doch Größenwahn, das wird doch nie etwas!" Der geringste Anfang ist das unscheinbare Senfkorn, das von einem kleinen Kügelchen zu einem stattlichen Strauch wird. Jesus gebraucht dieses Bild für das Wachstum vom Himmelreich. Es ist die Art Gottes, die aus nichts alles macht. Schöpfung ist geballtes Wachstum. Ein winziges Samenkorn, eine dreckig braune Blumenzwiebel sind Energiebündel. Jeder weiß, wenn ich diese unscheinbaren Dinger im Herbst in den Boden drücke, dass ich im Frühjahr mein buntes Wunder erleben kann. Diese Entfaltungskraft haben wir vor knapp 50 Jahren erlebt, als ein paar Schuler-Buben mit Schubkarre und Spaten ein Millionenprojekt aufgebaut haben.

Wer den geringen Anfang scheut, betrügt sich. Warum glauben wir dem Senfkorn und der Blumenzwiebel, dass sie weit über sich hinauswachsen und ziehen bei uns die Bremse? Die Zwiebel spiegelt uns, dass wir wie sie sind. Aus uns will das zigfache werden, zu dem, was wir jetzt sehen. Wir können viel mehr bewegen, in dieser Welt, in unseren Gemeinden, als wir für wahr halten. Das Geringe braucht nur den Glauben an das Wachstum. Sieh auf die kleine Gabe, die du für gar nicht so bedeutungsvoll hältst und vertraue darauf, dass Gott damit etwas machen will. Verstecke dich nicht hinter Ausreden, dass andere das besser machen. Gott will uns über dem Geringen mit Freuden den Schlussstein sehen lassen.

Wo schätze ich mich zu gering, und hemme damit das größte Wachstum?

Hauche Hass das Leben ein

Du sollst nicht töten. 2. Mose 20,13

Das Jugendamt sorgt für das Wohl des Kindes. Somit hat es auch das Beste für ein Neugeborenes im Auge. Die Mutter wohnt in einer Obdachlosen-Unterkunft und hat ihr Zimmer liebevoll eingerichtet und top sauber. Mehrere Räume weiter ist eine gemeinsam genutzte Küche, die durch Ungeziefer abschreckt. Ihrem Kind hat die frischgebackene Mama den Namen gegeben: Du bist mein Glück. Jetzt möchte das „fürsorgliche Amt“ ihr das Kind aus hygienischen Gründen wegnehmen, obwohl Mutter und Kind sich nie in der Küche aufhalten.

Töten hat viele Gesichter. Man kann mit dem Messer jemanden umbringen, mit einer spitzigen Zunge einen erstechen oder einem frischen Glück das Herz herausreißen. Sterben fängt viel früher an, als auf dem Friedhof. Töten ist Umgangsstil geworden. Daher hat dieses Gebot vom nicht töten, seinen Platz mitten in den zehn Geboten. Gott glüht für die Liebe. Gott ist Liebe und Leben. Er ist Leben ohne Ende. Leben ist eingehüllt in ewige Existenz. Wer tötet, katapultiert Leben aus der göttlichen Einbettung heraus. Hass wird geboren. Das Elend der Welt kommt vom Töten. Es werden Liebe und Leben verletzt, das führt in die Katastrophe.

Jesus hat ein einzigartiges Rezept, wie Leben wieder aufsteht: Liebt eure Feinde; tut wohl denen, die euch hassen; segnet, die euch verfluchen; … Wer in Gott ruht, wer von ewigem Leben getragen ist, infiziert mit Leben. Das ist die Antwort der Glaubenden für eine sterbende Welt. Weil ich beim Lebendigen zuhause bin, kann ich nicht anders als Leben wecken. Wir hauchen dem Hass den Lebensodem ein. Damit entscheidet sich auch für eine Amtsperson, ob sie tötet oder das Wohl fördert.

Wir töten oder heilen und segnen – wie entscheiden wir?

Sehe dich als die Lösung

Ach dass du Himmel zerrissest und führest herab! Jes 63,19

Es gibt genügend Situationen, die zum Himmel stinken. Stress im Miteinander, bei dem man verzweifelt um Lösungen ringt. Stress unter Völkern, wo die Menschen vierzig Jahre lang im eigenen Land hinter einem eisernen Vorhang unter sozialistischer Diktatur standen. Vierzig Jahre Gefangenschaft und Sklaverei in Ägypten, eines Volkes, das erwählt war. Da wünscht sich die kochende Seele des Öfteren, dass Gott mal so richtig aus der Haut fährt und für Ordnung sorgt. Er soll mit Pauken und Trompeten in unmenschlichen Verhältnissen für frischen Wind sorgen. Wie oft stehen wir kopfschüttelnd da und sagen, da muss doch einer mal ein Machtwort sprechen. Allen Skandalen dieser Welt zum Trotz, Gott hat dieses Machtwort gesprochen.

Als der alte Mose über sein ausgebeutetes Volk in der Fremde jammerte und von Gott wollte, dass er das Problem löst, sagt Gott: „Du bist die Lösung. Du befreist mein Volk." In der kleinen Nikolaikirche in Leipzig hat mit Kerzen und Gebeten eine der friedlichsten Revolutionen begonnen. Gottes Machtwort kommt nicht mit Blitz und Donner vom Himmel. Er reißt den Himmel mit Christus auf. Als über dem Kreuz der Himmel schwarz wurde und die Welt unterzugehen drohte, geschah der Umbruch des Chaos für alle Zeiten. Wo die Christus-Liebe nur ein Herz erwärmt, geht auf der ganzen Erde die Sonne auf. In Christus liegt die ganze Wucht der Erneuerung, in ihm liegen Schätze der Weisheit und der Erkenntnis.

Wir brauchen nicht auf den „Super-GAU" warten, auf einen neuen Propheten oder Messias, der die Welt rettet, sondern die Rettung beginnt in dir. Wo Christus dich und mich berührt ist so viel Erneuerungskraft da, dass wir auf niemand anderen warten brauchen. In allem Elend will Christus unser Herz aufreißen. Damit ist der Himmel offen für alle Not der Welt.

Was könnte sich erneuern, wenn du dich als Lösung des Problems siehst?

Glaube dem Unglaublichen

Wirf dein Anliegen auf den Herrn; der wird dich versorgen. Ps 55,23

Der alte, achtzigjährige Mose hat ein fettes Problem. Einsam im Exil, mit Schafen unterwegs, kann er es schier nicht ertragen, dass seine Landsleute vom Pharao in Ägypten bis aufs Blut ausgebeutet werden. Bei Hitze über 40 °C schuften sie mit selbstgebrannten Ziegeln beim Palastbau bis zum Umfallen. Plötzlich brennt auf dem Berg Horeb ein Dornbusch. Kommt immer wieder vor bei großer Hitze, – doch er verbrennt nicht. Und dann spricht der noch. „Ich bin Gott Jahwe, der Gott deiner Väter. Ich weiß um die Sauerei, die dort beim Pharao abläuft, geh' zu ihm und befreie mein Volk." – „Mensch Gott, bist du verrückt, ich bin ein alter Mann und gehe am Stock." Die tagelange Diskussion beendet Gott indem er sagt: „Schmeiß deinen Stock auf den Boden" – und schlagartig schreckt Mose vor einer Giftschlange zurück. „Greif die Schlange!" Er ergriff sie und sie wurde wieder zum Stock. „Also du hast hier eine Wunderwaffe, damit geh' los und befreie mein Volk von Pharao."

Der alte Mose ging, zusammen mit seinem Bruder, an den Wachen vorbei bis in den Thronsaal des mächtigen Herrschers. „He Pharao, gibt mir meine Leute zurück und suche dir andere Sklaven. Ich schmeiße hier mal meinen Stock zu Boden, dann fressen Heuschrecken, dein ganzes Land kahl." Zunächst ließ sich der Pharao noch nicht davon beeindrucken, bis Mose beim zehnten Mal sagte: „Jetzt wird jeder Erstgeborene des Landes sterben, somit wird es dich auch erwischen." – „Okay, dann hau ab mit deinem Volk!" Doch der Herrscher fühlte sich beschissen und verfolgte mit seinen Leuten die Karawane. Am Meer teilte Mose mit seinem Wunderstock das Wasser, ging hindurch und lies danach die hohen Wellen wieder in sich zusammenbrechen, dass die Verfolger keine Chance hatten.

Wirf dein Anliegen auf den Herrn, dann werden unglaubliche Wege gebahnt. Wollen wir alleine klar kommen, oder ergreifen wir diese Macht?

Beherrsche deine Angst

Ist's nicht so: Wenn du fromm bist, so kannst du frei den Blick erheben. Bist du aber nicht fromm, so lauert die Sünde vor der Tür, und nach dir hat sie Verlangen; du aber herrsche über sie. 1. Mose 4,7

Leben besteht voller Gefahren. Die größte Gefahr sind wir selbst. Der Löwe, der brüllend vor uns steht, ist die Angst vor Veränderung. Da gibt es das schöne Wort: Wenn dein Pferd tot ist, steig ab. Doch wie viele kaputte Beziehungen werden weitergeritten, selbst wenn häusliche Gewalt im Spiel ist, bis wir endlich die Reißleine ziehen. Die Angst Schluss zu machen und neu anzufangen, hält in qualvollen Gewohnheiten gefangen.

Frei den Blick erheben, klingt fast wie ein Traum. Darin liegt etwas Frisches und Ungezwungenes. Das riecht nach Freiheit und Abenteuer. Da spürt man keine Altlasten, wie die täglichen Verpflichtungen, die einen aufhalten, einen langgehegten Herzenswunsch in diesem Jahr aufzugreifen. Ein junger Gemeindeleiter ist jetzt einfach für unbestimmte Zeit mit Zelt und Hund in Richtung Italien aufgebrochen, um eine Weltreise zu machen und sich Herausforderungen zu stellen, die ihm dort begegnen.

Bei solch einem Gedanken kommen wir in Konflikt mit unseren Gewohnheiten. In uns rebellieren die Pflichten und Routinen. Wir können doch nicht so einfach mir nichts dir nichts alles anders machen. Doch! Wenn du fromm bist, bist du frei. Die Gottesbeziehung will tagtäglich unser eingefahrenes Denken durchbrechen. Der Geist will unseren Horizont aufsprengen. Da ist ein gewaltiges, ewiges Gegengewicht zu unseren irdischen Abläufen. Ein endloser Sog will uns himmelwärts ziehen. Unsere Gefahr ist, dass wir diesen Aufbruch ausbremsen. Daher beherrsche deine Trägheit, die dich unfrei macht.

Wo hält uns der Trott fest und macht uns unfrei für das Darüber hinaus?

Infiziere die Welt

Ich will einige von ihnen, die errettet sind, zu den Völkern senden, wo man nichts von mir gehört hat; und sie sollen meine Herrlichkeit unter den Völkern verkündigen. Jes 66,19

Glaubende leben als Ansteckungsgefahr für die Menschen. Was aus Gott kommt, kann nicht für sich bleiben. Glaube ist eine ganz persönliche Sache, die jedoch weltumspannend gelebt werden will. Wer bei Gott ist, bleibt nicht mehr bei sich. Der ist angezündet, der hat einen Auftrag, der ist hinein gesendet. Gottesbegegnung, Herrlichkeit, setzt Menschen in Bewegung. Wer vom Wort gepackt ist, wer vom Heil ergriffen ist, wird ins Unheil hineingezogen. Ein Begnadeter, einer, der die Freiheit in Christus atmet, kann nur Befreiung ausatmen. Glaube ist das Pfingstfeuer, das sich nach allen Seiten ausbreitet. Wo Gaben fließen, werden sie immer Gaben wecken. Gott ist immer wachsen zur Frucht hin.

Dieses Leben breitet sich auch dort aus, wo Kirche scheinbar stirbt. Die Ausbreitung von Herrlichkeit lässt sich von keiner geschichtlichen oder gesellschaftlichen Entwicklung aufhalten. Das Christentum hat die härtesten Stürme überlebt. Herrlichkeit ist allumfassend und lässt sich nicht abschaffen. Glaubende haben immer mehr Hoffnung als die Umstände zulassen. Sie leben den Geist der Erneuerung in alle Säkularisierung hinein. Schöpfung geschieht jeden Morgen neu, bis ans Ende der Welt. Wir sind die auf den Weg Gebrachten, die Glauben unbeirrt in alle Unwissenheit und Unglauben hineintragen. Wir verkündigen ein Wort, das schafft, was es sagt. Wir infizieren und inspirieren mit dem Geist, der alle Welt in Bewegung hält. Wir dienen mit Worten die Wunden heilen und über Gräben Brücken bauen.

Wie lassen wir uns von dem, der alle Gewalt hat, rufen und senden?

Nimm Platz

Die ihr Gott sucht, euer Herz lebe auf! Ps 69,33

Wir alle sind so herrlich beschäftigt. Ob aus Notwendigkeit, oder weil es dazu drängt, uns für eine gute Sache zu engagieren. Gerade wir frommen Leute sind oft hyperaktiv im Dienst für unseren Herrn. Wir meinen es gut, haben das Bild vom barmherzigen Samariter verinnerlicht und sind ständig für andere da. Wir drehen ständig am Rad, im guten Glauben wir dienen damit Christus. So ging es Martha und Maria als Jesus sie besuchte. Martha war die perfekte Gastgeberin. Jesus sollte schließlich das Beste aufgetischt werden. Sie fühlte sich richtig gut gegenüber ihrer Schwester, die nur andächtig herumsaß. Wie Jesus auf diese Huldigung reagierte ist wirklich krass. Auf die Bitte, er solle Maria von ihrer Beschaulichkeit aufschütteln, dass sie sich bewegt, sagte er nur: Sie hat das bessere Teil erwählt.

Wir tun uns schwer, vor Jesus Platz zu nehmen. Wir verausgaben uns im Dienst und verpassen leicht den Augenblick, an dem er in uns eingehen will. Wir suchen Gott oft in dem gnadenlosen Einsatz, den wir erbringen. Jesus sagt, Gottesbeziehung ist mehr. Aller Dienst beginnt mit einem sich ausliefern. Gott will sich zu allererst Gehör verschaffen. Es muss das menschenverwandelnde Wort in uns eingehen. Da lebt das Herz auf, das uns dann in Bewegung setzt. Darin liegt die verändernde Kraft, die sich dann Menschen zuwendet. Damit Göttliches in dieser Welt geschieht, will zuerst Christus in uns eingehen. Wir verstecken uns da leicht hinter den Ausreden, dass wir doch im Dienst für ihn stehen und alles geben. Dahinter steckt die Gefahr, dass ich mich wegen meines Einsatzes gut fühle, jedoch nicht bereit bin, die Veränderung des Christus an mir zuzulassen.

Will ich Anerkennung für meinen Dienst, oder bin ich bereit Platz zu nehmen und mich von Christus verändern und beleben zu lassen?

Entspann dich und sei glücklich

Die Elenden werden wieder Freude haben am Herrn, und die Ärmsten unter den Menschen werden fröhlich sein in dem Heiligen Israels. Jes 29,19

Das biblische Menschenbild passt nicht so sehr in unsere Vorstellung von „political correctness". Gottes Auswahlprinzip gilt nicht den Makellosen und Perfekten, den Musterknaben mit weißer Weste, sondern denen, die in den Augen der Menschen eher zu den Häuserverschmierern, zu denen mit den pink- und grünfarbenen Haaren gehören, zu denen, die selbst nichts auf die Reihe bekommen. Gott liebt den Abschaum. Er investiert in die Gosse. Er erbarmt sich über die, vor denen sich alle umdrehen. Sein Herz schlägt für die, vor denen die fromme Elite die Nase rümpft und die Jünger fragt: Warum isst eurer Meister mit Halsabschneidern und Tagdieben? Ausgerechnet mit denen, die überhaupt nicht in unser Bild von guter Erziehung passen. Jesus sagt: Ich bin für die, die irgendeine Macke haben gekommen, nicht für die Gesunden, Guten und Selbstgerechten.

Der Weg zur Herrlichkeit ist mit denen gepflastert, die mit Christus am Kreuz hingen. Der Verbrecher hörte in seinen letzten Atemzügen das Wort: Heute noch wirst du mit mir im Paradies sein! Hier fängt Christentum an. Heute ist der Tag, der mit Christus herrlich werden kann. Es sind nicht die äußeren Umstände, die zum Glück verhelfen. Es ist nicht die höchste Anstrengung von Moral und Anstand, die ein erfülltes Leben verheißen. Es ist die Begegnung mit Christus, die das Genialste aus dem Leben herausholt. Er bahnt mit Unmöglichkeiten den Weg zum Glück. Wir dürfen schwach sein, wir dürfen uns verrennen, wir können Böcke schießen. Christus entzieht den Menschen den Stressfaktor, dass sie eine heile Welt schaffen müssen. Es können sich selbst die freuen und glücklich sein, die über sich und andere den Kopf schütteln.

Wo können wir deshalb viel unverkrampfter mit Schwachheiten umgehen?

Sei glücklich schwach

Herr, es ist dir nicht schwer, dem Schwachen gegen den Starken zu helfen. 2. Chr 14,10

Es ist nicht schick, schwach zu sein. Wir sind getrimmt auf „starker Max“ und „funktionieren müssen“. Es wäre schön, wenn wir Schwachheiten nicht verstecken müssten. Im Glauben werden wir zum schwach sein ermutigt, wo herrliches passiert.

Eine junge Frau, um die dreißig, outet sich mit ihrem Zusammenbruch. Sie hatte erfolgreich ihren Krebs besiegt und ist über Wiedereingliederungs-Aktionen, wieder ganz in den Beruf eingestiegen. Sie fühlte sich fit und ihren Aufgaben gewachsen. Doch nach und nach ging ihr immer mehr die Luft aus, bis sie erneut auf dem Boden lag. In diesem desolaten Zustand erzählt sie ihre Geschichte und zeigt menschliche Größe, indem sie zu ihrer Schwachheit steht. Es fällt schwer, uns mit unseren Schwächen zu zeigen. Vor uns schwebt das Idealbild, gesund, charakterstark, erfolgreich und gefestigt im Glauben. Doch unsere Wirklichkeit hat sehr wenig mit dem Livestyle der Hochglanzmagazine zu tun. Das viele Unperfekte an uns und anderen raubt den letzten Nerv und lässt aneinander hochgehen. Da ist es gut, dass uns einer kennt, der zu Kreuze gekrochen ist.

Wer finstere Nacht hell macht, wer Krankes aus dem Staub aufhebt, wer Tote zum Leben erweckt, ist Spezialist für das Schwache. Christus ist die Plattform für Schwachheit. Wo der Mensch an seinen Grenzen steht, fängt Gott an, sich zu verherrlichen. Wo Schwächen nicht zugedeckt und vertuscht werden, sondern zu Christus schreien, bekommt der Blinde was auf die Augen und der Lahme Saft in die Beine. Die Christus-Begegnung verwandelt die Realität. Sie bringt menschliche Schwäche mit Erlösungskraft zusammen.

Kann Schwäche da nicht glücklich sein, wenn solche Kräfte stark machen?

Werde zum Wunder

Gelobt sei der Herr täglich. Gott legt uns eine Last auf, aber er hilft uns auch. Ps 68,20

Ein Leben mit Rumpf ist nicht gerade prickelnd. Das fand Nick Vujicic in seiner Kinderzeit, als er sich umbringen wollte, weil er arm- und beinlos ist. Er fand das einfach nicht normal, dass alle anderen „komplett" waren, nur er nicht. Er sah sich als Krüppel und vom Leben betrogen. Er hatte doch nicht Schluss gemacht und kam als Jugendlicher zu der Erkenntnis: Wenn kein Wunder geschieht, sei selbst eines. Heute ist er verheiratet, hat drei Kinder, motiviert und predigt weltweit in großen Stadien.

Wie kommen wir zu dem Gedanken, dass ein Leben ohne Arme und Beine nicht normal ist? Warum sollte ein Leben im Rolli unwert sein? An extremen Schicksalen erkennen wir, wie wir vom Leben denken. Wir haben da wohl völlig andere Vorstellungen als Gott sie hat. Gestern gedachten wir unseres Brandtages vor 16 Jahren. Gott hatte damals kein Problem damit, unsere Kirche und Ordenshaus niederbrennen zu lassen. Doch wenn wir uns einreden, es ist furchtbar schlimm, wenn sich ein Lebenswerk im Feuer auflöst, verschließen wir uns der gewaltigen Möglichkeit, dass sich im Verlust Gott offenbart. Paulus sagt sogar, dass denen die Gott lieben, alle Dinge zum Besten dienen. Die Liebe zu Gott macht aus Asche Gutes. Verschmolzene Orgelpfeifen verwandeln sich zum Lob. Es ist nicht das Übel, das uns zu schaffen macht, sondern wie wir damit umgehen.

Am Unerklärlichen entscheiden wir, ob wir mit Gott sauer sind, oder selbst zum Wunder werden. Gott zeigt sich darin, dass er nicht Lasten verhindert, sondern uns darin verwandelt. Das, was wir als schlecht empfinden, unter dem wir stöhnen und verzweifeln, wird in der Liebe zu Gott, zum Schatz in uns. Der Schmerz wird zu dem heiligen Engel, der zum Lob umgestaltet.

Wünschen wir das „Schlechte" weg, oder darf es sich zum Guten wandeln?

Kindliche Unbeschwertheit

Seid nicht bekümmert; denn die Freude am Herrn ist eure Stärke. Neh 8,10

Uns stehen alle Türen offen, für ein kraftvolles, hemmungsloses und hoffnungsvolles Dasein. Die Freude am Herrn ist der Sprengstoff, der Mauern in Schutt und Asche legt. Unbeschwerte Energiebündel sind unterwegs, die sich von keinerlei Umständen beeindrucken lassen. Wo Freude aufkommt, werden Kraftreserven vervielfacht. In der Freude am Herrn tritt der Mensch zurück und lässt sich vom schöpferischen Wort Gottes elektrisieren. Da werden nicht eigene Kräfte angezapft, sondern da werden wir an Starkstrom angeschlossen. In der Freude umkreist der Glaubende seinen Gott. Freude kommt nicht aus einem erhebenden Ereignis, Freude kommt aus dem, der selbst die Freude ist. „Mein Gott du bist die Freude, wer um dich ist freut sich immerdar an dir." Nachhaltiger kann einen nichts mehr antreiben.

Menschen die sich freuen, sind wie kleine Kinder, die experimentierfreudig die ganze Welt erobern. Ohne Angst riskieren sie alles. Wenn sie hinfallen, schütteln sie sich und stehen wieder auf. Sie freuen sich so, mit ihrem Gehen lernen in ihre eigene Freiheit hineinzuwachsen, dass sie niemand aufhalten kann. Das Bild von einer unbeschwerten Kindheit ist das Los des Lebens. Unbefangenheit liegt in der Freude am Herrn. Durch die Erfahrungen unseres Lebens, durch Schicksalsschläge, haben wir unsere kindliche Unbeschwertheit verloren. Wir lernten, uns zurückzuziehen, wenn's heiß wird. Stück um Stück haben wir die Experimentierfreudigkeit eingebüßt. Wo wir auf diese Freude verzichten, werden Sorgen das Leben schwer machen. Dann werden wir uns an den Kummer gewöhnen müssen, dass jedes Problem unseren Tatendrang in den Keller zieht. Die Freude am Herrn will in uns Kräfte mobilisieren, die vor nichts zurückschrecken.

Wie finden wir zu dieser kindlichen Unbeschwertheit zurück?

Sei leidenschaftlich und unverschämt

Habe deine Lust am Herrn; der wird dir geben, was dein Herz wünscht. Ps 37,4

Das Sommermärchen 2006 versetzte die ganze Nation in einen schwarz-rot-goldenen Rausch. Hupende Autocorsos brachten selbst kleine Orte wie Dettingen, am Fuße der Schwäbischen Alb, in Feierlaune. Leidenschaft und Begeisterung lagen in der Luft und steckten jeden Unbeteiligten mit an. Für einen Monat herrschte Ektase und nichts schien glücklicher und erfüllter zu machen als Fußball.

Leben als Ekstase ist für Gott normal. Da ist überschwängliches Glück, das nicht zu toppen ist. Habe Lust am Herrn, flippe aus, für das Leben, das dir geschenkt ist. Sei verrückt nach all den Gaben, die dir in die Wiege gelegt wurden. Schöpfe wie ein Wahnsinniger aus dem Pool der Unendlichkeit. Genieße es, dass du ein Kind des Schöpfers bist und erschaffe, was dein Herz begehrt. Da du aus ewigem Holz geschnitzt bist, kannst du voller Hoffnung in diese ewige Welt eintauchen und sie ins Dasein ziehen. Damit ist dir alles möglich, was Gott hat. Diese Leidenschaft sprengt Grenzen, bis hin zu theologischen Bauchschmerzen. Wer kann schon glauben, dass ein Leben bei Gott zum überschwappen gedacht ist? Das brave christliche Gemüt sagt sich hier, das geht entschieden zu weit.

Doch auch Markus sagt: Ihr bekommt alles, wenn ihr glaubt. Gott will alles geben, was sich dein Herz wünscht. Für ihn ist es gar kein Problem, denn er hat ja alles. Damit hakt es an unserem Glauben und unserer Leidenschaft. Wir wünschen, wir erwarten zu wenig. Wir sind Gott gegenüber wie eingeschlafene Füße. Wir hängen ihm nicht mehr begeistert am Hals. Wir sind eben anständig, förmlich, christlich.

Wo sind wir noch leidenschaftlich davon gepackt, von Gott alles zu erwarten?

Der Daniel-Blick

Der Herr, unser Gott, ist gerecht in allen seinen Werken, die er tut. Dan 9,14

Gott ist gerecht heißt demnach, er macht dort etwas richtig, was wir es als verkehrt empfinden. Damit sagt Daniel, es ist richtig, dass ich in der Löwengrube gelandet bin. Gott ist gerecht, auch wenn es mir an Kopf und Kragen geht. Er geht sogar so weit, dass er das auf all seine Werke bezieht. Nicht ein Großteil seiner Werke sind gerecht, sondern alle. Nichts was passiert, ist außerhalb von dieser Gerechtigkeit. Im größten Unrecht erschafft Gott das, was zum Richtigen und Guten führt. Ohne Ausnahme ist Gott gerecht. Auch darin, wenn einer Frau nach über 30 Jahren der Mann ohne Vorwarnung abhaut. Gott ist gerecht, wo ich für ein Flüchtlingsmädchen eine Wohnung suche und nur Absagen erhalte. Auch dort, wo altgewordene Eltern immer wunderlicher werden und einem das Leben zur Hölle machen. Gott ist gerecht, auch wo der Weg Christus ans Kreuz führt. Hinter all seinem Tun steht das, was zur Herrlichkeit führt.

Um Härten durchzustehen brauchen wir den Daniel-Blick. Er hätte unter natürlichen Umständen keine Chance gegen Löwen. Er sieht Bedrohung als Gabe, die das Gottvertrauen stärkt. In größter Angst beißt er sich an dem gerechten Gott fest. Genau da passiert etwas, was nicht in unserer Macht liegt. Hier steht Gott zu den Werken die er tut. Es verwandelt sich etwas an Daniel, was Löwen den Appetit verschlägt. Er klagte Gott in der Bedrohung nicht an, sondern glaubte, dass es Gott recht macht. Wenn wir unser Dankgebet sprechen: Alle guten Gaben kommen Gott von dir, dürfen wir das viel größer und weiter sehen. Es gehören auch die Gaben dazu, die uns nicht schmecken, die jedoch unter Dankbarkeit verwandelt werden.

Wo sind wir bereit, im Bitteren, den gerechten Gott zuzulassen?

Sprieße in der Krise

Wie die Erde hervorbringt, was sprießt, so wird Gott der Herr Gerechtigkeit sprießen lassen und Ruhm vor allen Nationen. Jes 61,11

Ein Prophet mit Frühlingsgefühlen. So fühlt sich Krise an. Ein Volk kehrt von der Gefangenschaft aus Babylon in die Heimat zurück und meint, jetzt geht's aufwärts. Wir meinen, es brechen goldene Zeiten an, wenn endlich nach den ganzen Einschränkungen wieder der „Normalbetrieb" beginnt. Doch du und ich sehen, „normal" geht anders. Zwischenmenschliche Spannungen zermürben, bei vielen werden die finanziellen Sorgen größer, und außerdem befürchten Spezialisten eine neue Infektionswelle. Eigentlich blauäugig, da von sprießendem Gras und Blumen zu sprechen. Doch gerade die Krise braucht lebendige, kraftvolle Bilder, braucht Visionen, die antreiben und in Bewegung setzen.

Jesaja pflanzt Visionen. Er pflanzt die Gottesvision, die er mit seinen Kindern hat. Ein Bild von der Zukunft entwickeln, ist der erste Schritt, dass sie entstehen kann. Vision ist Schöpfung. Du bist ein Visionär. Das geht ganz einfach. Wenn du in den Kühlschrank schaust und die Milch ist aus, dann entsteht sofort, oft völlig unbewusst, in dir das Bild, wie du vor dem Regal deines Einkaufsmarktes stehst und dir neue Milch beschaffst. Dein Bild sagt dir, was du zu tun hast. Wenn du dir die Vision von Gottes Gerechtigkeit vor Augen malst, ist das keinen Deut anders. Dieses Bild, dass Gott Recht schafft, dass er eine wunde Welt heilt, dass er Gefangene befreit, ist so stark, dass es durch alle hautnah erlebte Ungerechtigkeit hindurchzieht. Die Blume wird blühen, allen Wetterkapriolen zum Trotz.

Durch den Glauben liegt dieses Sprießen unaufhaltsam in dir. Werde richtig unverschämt in den Bildern, die du dir selbst zum Antrieb malst. Du wirst es selbst erleben, dass alles in dir liegt, um wie eine Rose zu sprießen, auch wenn schwarze Gewitterwolken über dich hinwegziehen.

Welches Bild könnte dir helfen, in der jetzigen Krise zu sprießen?

Suche das umgeformt werden

Suchet den Herrn, all ihr Elenden im Lande, die ihr seine Rechte haltet!
Suchet Gerechtigkeit, suchet Demut! Zef 2,3

Suchet Gott, ist der geheime Antrieb, der Glaubende bewegt. Damit will ich Gott in meinem Elend entdekken. Alles was mir widerfährt durchstöbere ich danach, wo Spuren Gottes enthalten sind. Damit sind wir Mismatcher, die voll auf Gegensätze programmiert sind. Wir erfahren Ungerechtigkeit und suchen darin nach der Gerechtigkeit Gottes. Auf der Entdeckerreise nach Gott transformieren wir uns. Ein langer Weg, der vom Hass bis zur Liebe geht, bei dem Furcht zur Ehrfurcht wird. Weil wir Gott herbeisehnen, gehen wir von Übermut zur Demut. Die Gottsuche verwandelt mich in das Bild Gottes. Ich erforsche Gott und entdecke, wie mich das umgestaltet. In meinem Schmerz bin ich versessen darauf, Gott zu entdecken und erfahre Güte, die zur Reife führt. In der Gottsuche öffne ich mich meiner größten Umformung. Gottsuche ist nicht die Suche nach dem großen Glück, sondern die Transformation von Leid in Glückseligkeit.

Wer Gerechtigkeit sucht und für Gerechtigkeit kämpft, kann nicht bei anderen anfangen. Sie beginnt in mir. Den Ungerechtigkeiten des Lebens begegnen wir nicht mit Anklage, dass irgendjemand für bessere Umstände zu sorgen hat, die besseren Umstände fangen bei mir an. Dort wo ich heil werde, fängt Erneuerndes an in das Unheil hineinzuwirken. Es sind nicht „die da oben" die gerecht mit mir umzugehen haben, es ist „der da oben", der mich zu gerechtem Handeln umgestaltet. Damit Gerechtigkeit unter den Menschen sichtbar wird, bedarf es derer, die Gott suchen. Wahre Gerechtigkeit kann kein Mensch schaffen, sie beginnt in verwandelten Menschen.

Suche ich bei Gott ein schönes Gefühl, oder mein umgeformt werden?

In Trümmern alles erhoffen

Das ist mir lieb, dass der Herr meine Stimme und mein Flehen hört. Ps 116,1

Bei Gott hat meine Stimme Gewicht. Wo ich zu Gott rede passiert etwas. Wir haben Einfluss auf die höchste Instanz dieser Welt. Mit meinem Gebet bewege ich den Kosmos. Auf mein Reden kommen Reaktionen. Bei Gott rede ich nicht gegen eine Wand. Er hört. Das ist der Anfang von Bewegung. Was bei ihm ankommt, geht durch ihn durch. Nicht wie bei uns, dass der andere nichts mehr von uns hört, wenn er etwas gesagt hat. Wenn Gott hört, dann hört er. Da landet nichts in der Warteschleife. Hören heißt für Gott Tun. Ein Funke Glaube trifft Gott mitten ins Herz. Wenn wir unsere ganze Not zum Himmel schreien, kommt die Ewigkeit in Wallungen. Unsere Worte machen den Schöpfer zum Schöpfer. Wir erschaffen etwas, wenn wir Gott ansprechen. Unsere Worte verlieren sich nicht im luftleeren Raum, sondern bewegen den Gott, der einst sagte: Lasst uns Menschen machen. Selbst die armseligsten Worte, die wir zu Gott stammeln, werden dann zum Übermaß an Kraft.

Lieben wir diese Macht, die in unseren Gebeten liegt? Sind wir uns dessen bewusst, was das heißt, dass wir einen Gott haben, der unsere Stimme hört? Da können wir total schwach und elend sein und können daraus Unvorstellbares bewegen. Die Kraft aus starken Handlungen kommt nicht aus uns, sondern aus dem, dessen Arm wir bewegen. Da werden Krankenlager zu Gebetskraftstuben. Da weiß ein Mensch, auch wenn ich nichts mehr kann, kann trotzdem alles geschehen. Wessen Stimme gehört wird, der lebt in keiner Situation in irgendwelchen Grenzen. Da ist Mut, auch in Trümmerhaufen alles zu erhoffen.

Wie sehr glauben wir, dass unsere Stimme solch eine Macht hat?

Lass lustvoll an dir gestalten

Ich schwor dir's und schloss mit dir einen Bund, spricht der Herr, und du wurdest mein. Hes 16,8

Es klingt nach Esoterik, ist aber das Nonplusultra der modernen Physik. Nachdem ein Physikerteam aus Genf unter der Leitung von Professor Nicolas Gisin bereits im August 2008 den experimentellen Beweis liefern konnte, dass der Informationsaustausch zweier miteinander verschränkter Teilchen simultan, also mit unendlich hoher Geschwindigkeit stattfindet, hat diese Nachricht in der Fachwelt eingeschlagen. Das von Albert Einstein als „spukhafte Fernwirkung“ bezeichnete Verschränkungsprinzip besagt, dass die Zustände zweier Teilchen auch in großem Abstand voneinander identisch sein können, so als stünden sie permanent in Verbindung. Ändert sich das eine Teilchen, so geschieht dies sofort auch bei dem anderen.

Die Quantenphysik kann uns helfen, näher in ein Geheimnis der Schöpfung einzudringen, wie alles mit dem Ursprung von Schöpfung in Verbindung steht. Wenn Gott einen Bund schließt, ist das weit mehr als eine Liebesheirat. Alles ist auf Gott bezogen und geht von ihm aus. Wer Gott ist, spiegelt sich im Menschen wieder. Durch diesen Bund stehen wir in einem viel größeren Raum, als wir das mit dem natürlichen Denken wahrnehmen. Wir sind sein. Gott lebt in uns und wir in ihm. Es ist ein kosmisches Prinzip, dass der Mensch in Gott ist, in Schöpfung, in Ewigkeit. Das ist eine schöpferische Tatsache, die unabhängig davon ist, wer, wie über Gott denkt.

Der Glaube an Jesus Christus schließt dieses unendliche Bewusstsein auf. Durch ihn erkennen wir, dass wir Kinder Gottes sind und in dieser Verbindung stehen, mit dem, der über Raum und Zeit hinausgeht. Es will andauernd ewige Schaffenskraft, unendliche Freude, tiefen Frieden, sich in uns und in die Unruhe und das Chaos dieser Welt pflanzen.

Wie lassen wir diese „spukhafte Fernwirkung“ lustvoll an uns gestalten?

Lass mal den Geist ran

Es soll nicht durch Heer oder Kraft, sondern durch meinen Geist geschehen, spricht der Herr Zebaoth. Sach 4,6

Die Israeliten hatten mächtige Schwierigkeiten beim Wiederaufbau des Tempels. Zurück aus der babylonischen Gefangenschaft, war das Heiligtum das erste, was aus dem Trümmerfeld wieder aufgerichtet werden sollte. In diesen Konflikten gab es ein Gotteswort fürs Krisenmanagement. Krisen löst ihr nicht mit Kraft, sondern mit meinem Geist. In Ausweglosigkeit geht es nicht darum, die Anstrengung zu verdoppeln, sondern sich für höchste Führung zu öffnen. Krise braucht keine Manpower, sondern das offen werden. Lebensengpässe sind Gottesfragen. Es sind die Stoppschilder, die dem Geist Vorfahrt geben wollen. An den Schuttbergen will Gott seinen Einfluss vergrößern. Dort wo es hart kommt, geht es nicht darum, unsere Energie bis zum Burnout zu vervielfachen, sondern runterzufahren, und dem Geist nachzuspüren. Schwierigkeiten sind die Ergebnisse unserer Kraft, unseres Denkens, die wir nicht dadurch lösen, indem wir noch mehr Kraft investieren. Krise heißt Entscheidung. Genau in diese Entscheidung will der Prophet führen. Nicht durch Kraft, sondern durch den Geist.

Daher geht es um die Frage, wieviel Geist lassen wir zu, wenn wir an den Grenzen stehen? Oft genug sehen wir, wie weit wir kommen, wenn wir uns auf uns selbst oder auf die Großen und Starken verlassen. Im Spiel unseres Lebens müssen wir in die Zwickmühle kommen, um in der Ausweglosigkeit still zu werden. Da will Gottes Geist bei uns anlegen. Da wollen Perspektiven aufgehen, die wir noch nicht kennen. Da will uns Kraft zufließen, die wir nicht in uns haben. Der Geist will uns Räume erschließen, in denen die ewige Welt die Fäden zieht. Öffnen wir uns dem Geist, dass wir Wege sehen, die bisher verschlossen waren.

Wo verbeißen wir uns in uns selbst, wenn wir keine Wege mehr sehen?

Wir leben, um zu glauben

„Abram glaubte dem Herrn, und das rechnete er ihm zur Gerechtigkeit." 1. Mose 15,6

Was Glaube aus Menschen macht, sieht man deutlich bei Abraham. Glaube an Gott, ist größte menschliche Entwicklung. Ein Mann, der von Gott keine Ahnung hatte, fängt an ihm zu vertrauen. In ganz normalen Alltäglichkeiten nimmt er die leise Stimme in sich selbst wahr. Da ist etwas, das ihn Wege gehen heißt. Brich in ein Land auf, das ich dir zeigen werde. Als gestandener Mann geht er auf dieses Spielchen ein. Er weiß nicht was das soll, wohin die Reise geht, aber er geht. Er wagt, dieser Stimme zu glauben. Diese Spannung zwischen Glaube und Unglaube zieht sich durch seine Biografie. Er lernt auf Feinheiten des Lebens zu achten, lernt zu gehen und aufzubrechen. Vor allem auch dort, wo Wege hirnverbrannt sind. Das seine Frau mit etwa achtzig Jahren noch einen Sohn erhalten soll, war schlichtweg nicht zu glauben. Er half dann mal mit der Magd nach. Doch es geschieht das Unglaubliche, seine Sarah bekommt den Jungen. Gott zeigt, Glaube glaubt gegen den Verstand. Abraham lernt seine Lektion. Jahre später soll er diesen Sohn für ein Brandopfer umbringen. Er war zu einem Schritt bereit, der menschlich in den Wahnsinn führte. Er glaubte der Stimme und ging. Gott hat ihn in letzter Sekunde ausgebremst, weil er den Glauben spürte. Abraham wurde zum Vater des Glaubens und zum Segen für die ganze Menschheit.

Dazu bin ich auf der Welt, diesen Glauben zu lernen. Zeitlebens wirbt Gott um mein Vertrauen. Er will nichts anderes, als dass ich mich auf dieses Wagnis einlasse. In allen Höhen und Tiefen geht es darum, dieses Vertrauen zu lernen. Wir sind zum Segen für die Welt gedacht, daher muss Glaube wachsen.

Wenn Gott tut, was er verheißt, wie können wir dem noch mehr glauben?

Wir sollen strahlen

„Der Engel des Herrn lagert sich um die her, die ihn fürchten, und hilft ihnen heraus.“ Ps 34,8

Wo Engel erscheinen, erschrecken Hirten vor dem Licht, das ihnen begegnet. Natürliche Menschen erfahren den Glanz einer anderen Welt. Ihnen begegnet eine Energieform, die sie nicht ertragen können. Sein umwerfendes Licht packt Gott in eine Krippe, dass es für Menschen fassbar wird. Engel führen zum Stall nach Bethlehem, dass aller Welt das Licht aufgeht. Sie führen armes, bescheidenes Dasein an die Quelle dessen, was Gott sich von Leben gedacht hat.

Nelson Mandela hat das in seiner Antrittsrede überwältigend zitiert: „Unsere tiefste Angst ist es nicht, ungenügend zu sein. Unsere tiefste Angst ist es, dass wir über alle Maßen kraftvoll sind. Es ist unser Licht, nicht unsere Dunkelheit, das wir am meisten fürchten. Wir fragen uns, wer bin ich denn, um von mir zu glauben, dass ich brillant, großartig, begabt und einzigartig bin? Aber genau darum geht es, warum solltest Du es nicht sein? Du bist ein Kind Gottes. Dich klein zu machen nützt der Welt nicht. Es zeugt nicht von Erleuchtung, dich zurückzunehmen, nur damit sich andere Menschen um dich herum nicht verunsichert fühlen. Wir alle sind aufgefordert, wie die Kinder zu strahlen. Wir wurden geboren, um die Herrlichkeit Gottes, die in uns liegt, auf die Welt zu bringen. Sie ist nicht in einigen von uns, sie ist in jedem. Und indem wir unser eigenes Licht scheinen lassen, geben wir anderen Menschen unbewusst die Erlaubnis, das Gleiche zu tun. Wenn wir von unserer eigenen Angst befreit sind, befreit unser Dasein automatisch die anderen.“

Was fürchten wir, wenn sich dieses ganze Potenzial in uns entfaltet?

Ein Ritual hält den Kontakt

Der Herr zog vor ihnen her, am Tage in einer Wolkensäule, um sie den rechten Weg zu führen, und bei Nacht in einer Feuersäule, um ihnen zu leuchten. 2. Mose 13,21

Wow, mit himmlischer Eskorte durchs Leben. Welch ein Privileg für das Volk Gottes. Glaubende kommen daher, wie auf dem roten Teppich. Es ist eindeutig wo's lang geht. Das Navi kennt sein Ziel, darauf kann man sich hundertprozentig verlassen. GPS aus Wasserdampf und Feuer. So verrückt sind Gottes Leute unterwegs. Die haben eine Bestätigung über klare Führung im Nacken. Eine Zielstrebigkeit vom Feinsten. Das gelobte Land ist angepeilt und keiner braucht sich mehr Gedanken machen, ob er je dort ankommt. Auch wenn Baustellen und Umleitungen kommen, es ist der richtige Weg. Unvorstellbar, wie eindeutig und klar Führung von Gott ist. Da ist alles da und jeglicher Irrtum ausgeschlossen. Unter dieser Führung ist genügend Licht, auch für die holprigen Strecken. Der Glaube kann sich darauf verlassen, dass selbst schwierige Wege, richtige Wege sind.

Die GPS-Koordinaten kommen aus dem Wort. Wenn das Signal einmal abgerissen ist, kommen wir durch das Wort wieder auf Kurs. Manchmal müssen wir die innere Stimme, die die Richtung vorgibt, lauter stellen. Oder die ganzen Störsignale, die konfus machen, leiser drehen. Und da ist so vieles, was uns täglich in hunderttausend Richtungen zerrt, nur nicht dorthin, wo es lang geht. Der klare, richtige Weg ist da. Die Führung liegt in der Luft und die Zeichen sind nicht verschwunden. Um den Weg zu sehen, hilft die Fokussierung auf die himmlischen Signale. Wir brauchen dafür immer wieder eine Nullstellung. Eine kleine Auszeit, die wir in unseren Tag einbauen, ein kurzer Besuch in einer Kapelle, der Blick auf ein Wort, das Kraft gibt. Feste Rituale helfen auf Kurs zu bleiben.

Welche Rituale hat unser Tag, um in der Funkverbindung zu bleiben?

Bleibe in der starken Stadt

Der Herr sprach: Ich will diese Stadt beschirmen,
dass ich sie errette um meinetwillen. 2. Kön 19,34

Ein guter Bürgermeister ist Gold wert. Wenn man die Städte und Gemeinden beobachtet, erkennt man oft sehr schnell, welch stark oder schwach führende Hand als Ortsoberhaupt hier seine Spuren hinterlassen hat. Blühende Verkehrsinseln, herausgeputzte Ortskerne, gute Industrie, vielseitige Kulturveranstaltungen und schnelles Internet im Boden. Da macht ein Gemeindevorsteher dem Ort alle Ehre.

Gott als Stadtoberhaupt, da entsteht ein starkes Bürgernetzwerk. Er lässt eine Gemeinde wachsen, in die er sein ganzes Wohlwollen investiert. Ecclesia heißt der Vorzeige-Ort, die Stadt Gottes. Bewohnt von Menschen, auf die Gott sein besonderes Auge geworfen hat. An ihnen will sich der Bürgermeister in seiner schöpferischen Einzigartigkeit zeigen. Er hält für diesen Ort seine Hand ins Feuer. Unter seiner Hand sollen sich Menschen in allen Widerwärtigkeiten herausragend entwickeln. Seine Stadt soll die Stadt der Transformation sein. Bewohner sollen aus schwerer Vorzeit herausgerettet werden. Dazu ist Christus gekommen, um dieses Freiwerden umzusetzen. In der Gemeinde wird die ewige Gesetzgebung verwirklicht. Da können kranke und belastete Seelen heilen und wachsen.

Es ist ein unschätzbarer Wert an solch einem Ort zu leben und aufzuwachsen. Im Verbund derer, die unter diesem Oberhaupt stehen, sind die optimalsten Lebensbedingungen geschaffen. Da kann Leben unter schwierigsten Bedingungen gelingen. Gemeinde ist himmlischer Wachstumsverstärker. Wer sich isoliert und distanziert und sagt: Mir reicht der Gott im Herzen, der sich wie ein Schaf opfert das die Herde verlassen hat. Er entzieht sich dem, der die Stadt beschirmt.

Warum sollten wir verzagen, wenn wir solch eine starke Heimat haben?

Erweiterung ohne Ende

Als mir angst war, rief ich den Herrn an und schrie zu meinem Gott.
Da erhörte er meine Stimme. Ps 18,7

Angst ist eine starke Macht in uns, die um unsere Sicherheit kämpft. Sie bäumt sich auf, wenn unsicheres Neuland vor uns steht. Vor einer herausfordernden Prüfung warnt sie uns, dass wir jetzt unser sicheres Wissen und Können verlassen und ein unkontrollierbares Risiko eingehen. Angst lässt vor dem Unbekannten zurückschrecken und mahnt zur Vorsicht. Sie sagt: Wenn du jetzt weitergehst, riskierst du Kopf und Kragen, du weißt nicht, ob du Erfolg hast oder baden gehst. Somit meint es die Angst gut mit uns und will vor Bauchlandungen bewahren. Doch wenn wir der Angst recht geben, bleiben wir ein vorsichtiges, zurückhaltendes Mauerblümchen, das sich durch das Leben zögert.

Der König David schreit zu Gott. Als er sich von einer feindlichen Armee bedroht sieht und seine Ohnmacht in ihm bebt, zieht er sich nicht zurück, sondern blickt über seinen Tellerrand hinaus. Zu Gott schreien heißt, dass er ihm mehr glaubt als seiner Angst. Er kämpft nicht gegen Angst, sondern ringt um mehr Glauben. Er hört die Stimme der Angst, doch er fasst den Mut zum Gottvertrauen. Wo die Angst uns im Sicheren festhalten will, bricht der Glaube zu neuen Ufern auf. Durch Gottvertrauen findet der Glaubende Mut zum Selbstvertrauen. Er wagt den Schritt ins Unbekannte. Er riskiert das Verlieren und gewinnt dabei. Im Glauben erweitert sich das ängstliche Herz. Wir überwinden unsere Grenzen und wachsen in eine neue Größe hinein. Je öfter wir bereit werden, nicht bei unserer Angst stehen zu bleiben, sondern im Glauben kühne Schritte zu wagen, umso mehr werden wir zu der Persönlichkeit in die Gott uns erweitern will.

Welche Angst hält uns vor unserem nächsten Wachstumsschritt zurück?

Empfange mehr

Herr, du gabst unsern Vätern deinen guten Geist, sie zu unterweisen. Neh 9,20

Normal bewegen wir uns in unserem Tagesbewusstsein. Wir bereiten unser Essen, gehen zur Arbeit und erziehen unsere Kinder. All das aktive Denken geschieht in diesem Zustand. Dazu kommt Unterbewusstsein, das ums zigfache größer ist, als das Wachbewusstsein. Hier sind Gewohnheiten abgespeichert, wie Zähneputzen und Autofahren. Dort sind Programme, die bei Stress starten, gewisse Verhaltensweisen, die wir antrainiert haben. Da liegt die unbewusste Steuerung des Körpers, wie Atmen und Verdauen. Zusätzlich sind alle Erlebnisse und Informationen abgelegt, die wir je erlebt haben. Und dann gibt es noch das sogenannte „Überbewusstsein", mit dem wir Signale von außerhalb empfangen.

In diesem Bewusstsein treten wir mit dem Geist Gottes in Verbindung. Da empfangen wir Informationen, die nicht in uns liegen. Das ist nichts Verrücktes oder nur für bestimmte Menschen zugänglich. Diesen Zustand kennt jeder, wenn er plötzlich eine Erkenntnis, einen Geistesblitz bekommt, bei dem er sich fragt: Wo kommt der jetzt her? Über uns liegt das gesamte Wissen der unendlichen Welt. Alle Informationen, die es je in dieser und in der anderen Welt gegeben hat und gibt, stehen in diesem überbewussten Raum zur Verfügung. Der Heilige Geist will uns mit dieser Weisheit Gottes verbinden. Da liegen die Antworten auf alle Fragen, die wir gen Himmel geschickt haben.

Christus verschafft uns Zugang zum Heiligen Geist. Er lädt dazu ein, aus diesem Wissen zu leben. Er sagt, bleib nicht bei deinem natürlichen Bewusstsein stehen, sondern empfange diesen Geist. Öffne dich für die Weisheit, die dich weit über die menschlichen Begrenzungen hinausführt. Darin empfängst du auch Sicherheit, wenn durch Corona alles unsicher wurde.

Wo schaffst du in deinem Alltag magische Orte, an denen du in aller Stille diese Informationen empfängst?

Strafe muss sein

Der Herr ist geduldig und von großer Kraft, doch ungestraft lässt er niemanden. Nah 1,3

Strafe liegt bei den meisten Menschen auf der Beliebtheitsskala zwischen Zahnschmerzen und Durchfall. Strafen klingt nach Schlagen, Prügeln, Heimzahlen. Doch wenn man dem Wort nachspürt und es aus dem Aspekt der Liebe betrachtet, bekommt es Sinn. Sehen wir darin das Durchschütteln, das ein Exempel statuieren oder gar ins Gebet nehmen, erkennen wir den Weg zum Guten. Dahinter steckt die Pädagogik des Heils. Strafe ist ein Dienstinstrument, das unter guten Absichten das Beste herausholen will. Wo Gott niemanden ungestraft lässt, ist ihm nicht egal, was aus Menschen wird, sondern er kämpft geduldig und mit großer Kraft um Rettung. Da ringt glühende Retterliebe um Umkehr, um die rechte Antwort auf Liebe. Gipfel seines Umgangs mit Strafe liegt im leidenden Gottesknecht in Jes. 53. Die Strafe liegt auf ihm, auf dass wir Frieden hätten. Mit Christus statuiert er das Exempel, dass Gott und Mensch zusammengehören.

Somit bestraft uns das Leben nicht, es erzieht uns. Wo wir dieser Erziehung aus der Schule laufen, wird sie uns bis ans Ende verfolgen. Da wir Menschen sind, lernen wir oft nicht aus dem gut gemeinten Wort, sondern erst, wenn wir unter Druck stehen. Wo es uns im Leben gut geht, gibt es keinen Grund zu grundlegenden Veränderungen. Jedoch wenn der Leidensdruck am höchsten ist, fangen wir an die richtigen Fragen zu stellen. Die eigentliche Wende in einem Unternehmen geschieht nicht in der Hochphase, sondern oft kurz vor dem Bankrott. Wenn Gott uns hart anfasst, will er uns dichter an seine Gnade rücken.

Wo Leben uns in die Schule nimmt, verdränge oder verändere ich mich?

Sicher ist sicher

Ihre Gemeinde soll vor mir fest gegründet stehen. Jer 30,20

Mit dieser Versicherung stehen Sie absolut auf der sicheren Seite. Hinter mir stehen die 376 Ordner meiner Kunden, in denen jeweils genau das festgehalten ist, welchen Versicherungsschutz sie genießen. Schießt Ihr Sohn beim Nachbarn eine Scheibe ein, rufen Sie mich einfach an. Ich nehme Ihren Ordner heraus und reguliere mit der Gegenversicherung in ein paar Telefonaten Ihren Schaden. Sie brauchen sich um nichts mehr zu kümmern. Wenn das auch Ihre Vorstellung von gutem Schutz ist, rufen Sie uns an und ich werde für Sie den nächsten Ordner anlegen.

Auch denen, die sich um die Sache Gottes zusammentun, pfeift in dieser Welt ordentlich der Wind um die Ohren. Da werden nicht nur Scheiben eingeschlagen, da fallen ganze Häuser ein. Gemeinschaft um Gott ist die Premiumstufe in der Versicherungsklasse. Wo Menschen, die von Gott bewegt sind, zusammenkommen, entsteht etwas Unzerstörbares. Gemeinde ist Christus vor Ort. Da steht drauf: Garantiert unsterblich. Mit Christus wirkt Gott in allen Katastrophen. Egal was auf das Heilige hereinbricht, mit Christus greift der volle Versicherungsschutz. Was im Ewigen verankert ist, kann nicht ausgelöscht werden.

Egal wie angefochten Gemeinden unten durch müssen, die Kirchen ihre Gestaltungskraft in dieser Welt verlieren, sich die Formen von christlicher Gemeinschaft radikal umgestalten, es wird immer Menschen geben, die sich um Gott versammeln. Wo Christus der Herr der Kirche ist, wird es auch in einer totalen Transformation weiter Kirche geben. Die Zeit von Gemeinde wird nie vorbei sein, auch wenn sich die äußere Gestalt von traditionellen Strukturen abwendet. Was in Gott gegründet ist, wird für alle Zeit sicher und sichtbar bleiben.

Wie vertrauen wir darauf, auch wenn vieles sich extrem verändert?

Baue Untröstliche auf

Sammle meine Tränen in deinen Krug; ohne Zweifel, du zählst sie. Ps 56,9

Wir waren eine glückliche Familie, bis zu dem Tag, an dem unser Sohn mit 11 Jahren einen Gehirntumor bekam und wir ihn nach unerträglichem Ringen beerdigen mussten. Selbst nach Jahren sticht der Schmerz tief ins Herz. Hier hilft kein heile, heile Gänschen, wird bald wieder gut. Da muss es die Welt aus den Angeln heben, um wieder Licht zu sehen. Es braucht den professionellen Tröster, der Untröstliches wieder ins satte Leben wirft.

Wie hart das Leben zuschlägt, erfährt jeder am eigenen Leibe. Da sind oft Tränen ohne Ende. Welten brechen zusammen und jegliche Hoffnung steht auf der Brücke und will sich hinabstürzen. Die vielen Fragen: Warum lässt Gott das zu, kratzen am Himmel. Und tatsächlich, die Fragen kommen an. Jede Träne trifft Gott ins Herz. Seufzen berührt ihn. Er reißt den Himmel auf und stellt einen fetten Krug auf die Erde, mit dem er Tränen auffängt. Dieser Trostbehälter heißt im hebräischen Messias. Trösten heißt aufatmen. Gott gehen Tränen so sehr ans Herz, dass er Schmerz nicht nur auffängt, sondern umwandelt. Christus ist der Tränen-Katalysator. Ein Sonnenaufgang über dem Grabhügel.

Dieser Tränenverwandler ist unser Wunderinstrument. Damit ist keine Situation untröstlich. Wir haben das Beste um im Schmerz nicht zu verzweifeln. Aufatmen entspannt die ganzen inneren Verkrampfungen. Wir sind nicht dazu verdammt, endlos Tränen zu vergießen. Sobald wir den Tränenkrug ergreifen, verwandelt sich Trauer in Freude. George und Barbara Bush sagten nach dem sie ihre junge Tochter verloren hatten: „Wir trauern nicht; wir sind glücklich über die Jahre, als unsere Tochter über diese Erde ging. Wir lieben jeden Menschen mehr, wegen ihr.“ Wo wir aufatmen lernen, können wir auch andere trösten.

Wie lange beweinen wir unser Unglück, wenn so viel Trost da ist?

Beerdige deine Feindbilder

Wenn eines Menschen Wege dem Herrn wohlgefallen,
so lässt er auch seine Feinde mit ihm Frieden machen. Spr 16,7

Wie kommt Frieden in die Welt? Wie versöhnen sich Menschen? Wie werden wir mit Feindbildern fertig? Frieden hängt mit Wohlgesinnung zusammen. Er geht von denen aus, die Gott umstimmen konnte. In einem von Gott beeinflussten Leben kommt Auflehnung zur Ruhe. Solange wir mit uns selbst nicht im Reinen sind, kann uns jedes angriffige Wort starten lassen. Jede Ungerechtigkeit löst ein Brodeln in uns aus. Wird nach unserer Ansicht jemand bevorzugt, schrillen die Alarmglocken. Unruhe, Aggression überfällt dann den friedliebendsten Menschen. Wo jedoch ein innerer Friede da ist, was will uns da aus der Fassung bringen? Äußerer Friede hängt mit innerem Frieden zusammen. Wo Leben unter dem Wohlgefallen des Herrn steht, ist die Schuldfrage geklärt. Weil mir vergeben wurde, stehe ich unter höchster Anerkennung. Hier habe ich die volle Wertschätzung meiner Person, um die ich ansonsten mit allen Mitteln ringen muss.

Wer steuert denn, was aus unserer Sicht Freund und Feind ist? Ist der Eritreer, der einen Jungen mit seiner Mutter vor den Zug stößt, Freund oder Feind? Für Siegbert Droese von der AfD war schnell klar: „An Merkels Händen klebt Blut“. Doch bringt es Frieden, wenn man Feindbilder schürt? Wo entsteht denn der Feind? Kommt er von außen, oder wird er in mir erschaffen? Ist es nicht mein Beurteilungsvermögen, das zwischen Freund und Feind entscheidet? Erhebe ich mich da nicht zum Maßstab, der ist böse, ich bin gut? Entsteht nicht Frieden, wo ich den Feind in mir sehe? Welche Größe hatte Jesus, der am Kreuz nicht seine Feinde verdammte, sondern für sie betete: Vater vergib ihnen.

Sind meine Feindbilder nicht ein Zeichen für meinen Unfrieden?

Entdecke das Geheimnis im Virus

Weh denen, die weise sind in ihren eigenen Augen und halten sich selbst für klug! Jes 5,21

Neulich lag neben dem Blumenhaus eine tote Katze – wahrscheinlich überfahren. Wir erleben dann, was in diesem Moment in uns aufsteigt. Abneigung, schaudern, bedauerlich, ekelig. Wir drehen uns lieber weg, als dass wir diesen Augenblick auf uns wirken lassen. Doch was zeigt diese Reaktion? Empfinden und Bewerten erzählt mehr über uns, als über die Katze. Wir haben eine Schublade geschaffen – tote-Katze-ist-ekelhaft. Das Denken aus Erfahrung heraus. Würden wir diesen unangenehmen Moment aushalten und genauer hinschauen, könnten wir in ein schöpferisches Geheimnis eindringen. Da sind bereits Fliegen und Maden, die diesen Körper zurück verwandeln in Erde, aus der alles erschaffen ist. Wir würden ein vollkommenes Ökosystem entdecken. Das Schöne im Unschönen.

Irren ist so menschlich. All unsere Weisheit und unsere Erfahrungen stehen auf dünnen Stelzen. In dem Moment, wo wir uns auf unser Wissen berufen, verschließen wir uns dem, was wir noch nicht kennen. Unser Wissen behindert uns, wach zu bleiben. Da wir uns im unendlichen Lebensraum bewegen und alles mit allem verbunden ist, verengen wir uns, sobald wir uns festlegen. Schöpfung ist ein riesiges Netzwerk in und aus Gott. Daher lebt in allem was ist, ein vollkommener, ewiger Organismus. Egal ob Blume, Baum, Tier, Mensch oder Covid 19. Überall funkelt ein grandioser Kosmos. Gerne singen wir: Mein Gott, du bist alles in allem.

Wir haben nicht den Geist der Welt, sondern den Geist aus Gott empfangen. Das stellt unser bescheidenes Wissen in den Schatten und öffnet uns dem grenzenlosen Geist, der in uns auferstehen will. Entdecken wir das Gute, das in allem „Bösen“ steckt und halten uns nicht für klug.

Was blockiert uns, größte Geheimnisse in einem „Virus“ zu erforschen?

Übernimm die volle Verantwortung

Der Herr wird richten der Welt Enden.
Er wird Macht geben seinem Könige. 1. Sam 2,10

Der Fachkräftemangel und die schwächelnde Autoindustrie sind in aller Munde. Alle werden als Buhmänner aufgebauscht, die das Leben schwer machen und schuld sind, dass es uns schlecht geht. Doch wenn ich ein Geschäft führe und über Mitarbeitermangel klage und über wirtschaftliche Entwicklungen stöhne, disqualifiziere ich mich als Unternehmer.

Wenn wir in Problemen stecken, oder wenn, wie bei Hiob, ihm seine ganze Welt, Familie und Besitz zusammenbrechen, suchen wir gerne Schuldige. Die Umstände sind widrig, mein Partner oder meine Firma machen mir das Leben schwer. In der Gemeinschaft in der der ich lebe, kann ich mich nicht wohlfühlen. Wir haben uns an Ausreden gewöhnt und an den Eindruck: Da kann man sowieso nichts machen. Man muss sich halt seinem Schicksal fügen. Doch hinter solch einer Einstellung liegt ein gewaltiger Irrtum. Wenn der Herr über die Erde richten wird, heißt das nichts anderes, als dass er die Dinge auf den Punkt bringt. Er macht uns die Augen auf, was die wirklichen Fakten im Leben sind. Hiob war nicht Opfer übler Umstände, sondern seine katastrophalen Umstände waren die Voraussetzung, um die Welt Gottes hinter einer verfallenden Welt zu erkennen.

Viktor Frankl sagte: Wir haben dem Leben keine Fragen zu stellen. Wir haben den Fragen des Lebens zu antworten. Wir sind die Antwort auf alles Übel. Das geschieht dadurch, dass Gott seinem König Macht gegeben hat. Jesus Christus stellt uns in die Realität des Lebens. Mit Christus haben wir die Macht auf die Probleme unseres Lebens zu antworten. Für mein Leben, für meine Umstände übernehme ich die volle Verantwortung, weil Gott uns alles in die Hände gelegt hat, um gegen alles Übel anzutreten.

Wo suchen wir Schuldige und verschanzen uns hinter Ausreden?

Worte müssen handeln

Wo Träume sich mehren und Nichtigkeiten und viele Worte, da fürchte Gott! Pred 5,6

Mir versprach ein Berater, ich stelle heute noch einen Kontakt zu meinem Werbefachmann her, der sich umgehend bei euch meldet. Der wird euch super präsentieren. Seit 3 Monaten warte ich auf diesen Anruf. Nichts ist schrecklicher als hohle Worte. Wo Worte Schall und Rauch sind, bewirken sie Enttäuschung. Worte ohne Ergebnisse, sind ein Verbrechen. Da wird gelogen und Luftblasen zelebriert. Viele Worte stehen direkt neben dem Irrtum. Der Prophet sagt, hab acht bei vielen Worten, die große Erkenntnisse suggerieren und doch bloß heiße Luft sind. Sei auf der Hut vor Reden, die beeindrucken und Worten, die eine große Schau abziehen. Fürchte Gott, achte auf das Wort das etwas erschafft. Orientiere dich an dem Wort, dem Taten folgen. Halte dich an das Wort das gesprochen hat: Es werde und es ward. Gott fürchten heißt, Worte zu fürchten, die Eichen emporwirbeln und ganze Wälder kahl reißen. Sieh auf die Macht, die Worte haben, die erschaffen, was sie sagen. Halte dich an eine Weisheit, wo Worte handeln und Menschen nicht zur Lachnummer machen.

Die Qualität von Worten erkennen wir nicht wo sie gesprochen werden, sondern an den Ergebnissen, die sie bewirken. Daran können wir uns selbst und andere einmessen. Wir sehen ob nur Träume, Gedanken und Philosophien weitergegeben werden, oder ob da etwas von ewiger Weisheit kommt. Was Menschen reden, sind oft nur Wünsche, was sie gerne sein wollen, was tatsächlich wird, zeigt wer sie wirklich sind. Jakobus sagt: Wenn jemand Weisheit mangelt, der bitte Gott. Je dichter wir am Wort bleiben, umso echter werden unsere Ergebnisse.

Reden wir viel, oder handeln unsere Worte?

Schöpfe Freude und fließe

Dienet dem Herrn mit Freuden, kommt vor sein Angesicht mit Frohlocken! Ps 100,2

Dienstleistung kommt von Dienen. Manch einer denkt, er mache sich beim Dienen zum Depp des anderen, doch das Gegenteil ist der Fall. Hinter Dienen liegt das magische Gesetz des Segens. Wer einem anderen hilft, seine Probleme zu meistern, wird sich nicht verausgaben, sondern sich selbst entwickeln und größer werden. Die moderne Geschäftswelt versteht dieses Prinzip immer mehr. Sie sagt, dort wo du jemandem zu seinem Erfolg verhilfst, wirst du selbst erfolgreich werden. Dienen macht zwei Seiten reich, den Bedienten und den Dienenden. Wo wir dem Herrn dienen, geht regelrecht der Punk ab.

Gottesdienst beginnt, wo Gott dem Menschen dient. Dienen ist fließende Liebe, die sich in andere verschenkt. Im Dienen hebt Gott den Level der Welt. Im diesem Dienen fließen seine Gaben dem Menschen zu. Im Dienen ist das Heilige auf Achse. Wem Gott dient, der wird selbst zum Diener. Da fangen die Gaben Gottes an ins Leben zu purzeln. Der davon erfasste Mensch kommt in seine volle emotionale Kraft. Der Diener kommt nicht in eigener Mission, sondern im Auftrag des Höchsten. Wo Gott Aufträge verteilt, verteilt er Vollmachten. Der Diener ist kein Dienstmädchen, weil kein anderer da ist, sondern er kommt in der Freude und Autorität Gottes. Wer im Namen Gottes auftritt, ist sich bewusst: Hier dient Gott selbst.

Der Diener Gottes braucht nur Freude, um den Rest braucht er sich nicht kümmern. Solch ein Mensch schöpft immer aus dem Vollen. Er braucht sich nicht zu sorgen, kann ich überzeugend reden, oder ist genug Geld da. Der Diener kann sich gönnerhaft einsetzen, weil alles was wegfließt, ihm gleichzeitig von anderswo zufließt.

Wenn ich heute aus dieser Freude schöpfe, was würde ich dann tun?

Für eine Perle im Glas

Ich der Herr, behüte den Weinberg und begieße ihn immer wieder.
Damit man ihn nicht verderbe, will ich ihn Tag und Nacht behüten. Jes 27,3

Weinbau hat in unserer Region Tradition. Ein Winzer macht alles für den besten Ertrag. Gott ist Edelwinzer und hat an uns einen Narren gefressen. Wir sind sein ein und alles, das gehegt und gepflegt wird. Er liegt auf der Lauer, dass trotz Gewitter und Hagel, dennoch geniale Ergebnisse herauskommen. Er hat nichts anderes im Sinn, als den Ertrag zu sichern. Er lebt täglich auf die Weinlese zu. Ihm geht es um beste Trauben, um den edelsten Tropfen, der nachher im Glas funkelt. Bei einem solchen Winzer braucht kein Weinstock das Unwetter fürchten. Da kann der Himmel noch so schwarz sein, die Stürme Blätter und Äste zerfetzen, der Frost manche Blüte erfrieren lassen, doch das ist nie das Ende für die Trauben. Der Winzer legt sich voll ins Zeug für die nächste gute Ernte.

Wo der Herr behütet, ist das wie ein Zauberwort über unserem Leben. Das heißt Durchkommen durch alle Widrigkeiten. Gott selbst arbeitet an unserem Ertrag. Er kennt jeden Blitz und Donner, der über unser Leben weggezogen ist. Er weiß um jede Schramme, die Wetterkapriolen oder belastende Menschen an uns hinterlassen haben. Für ihn gehört es zum Programm, trotz all diesen beschwerlichen Einflüssen, das Leben zu einem Meisterwerk zu machen. Behüten heißt ja nicht das Übel fernhalten, sondern im Übel das Beste hervorbringen. Das Leben ist immer stärker als der härteste Lebensschlag. Weil Gott behütet, steht unser Leben in allen Umständen unter der Verheißung: Es soll Frucht entstehen. Daher ist ein harter Einschnitt keine Katastrophe, sondern eine Etappe zur Weinkelter.

Wenn Gott behütet, wieviel Vertrauen lassen wir da in uns wachsen?

Freude in Katastrophen

Es freue sich der Himmel, und die Erde sei fröhlich, und man sage unter den Völkern, dass der Herr regiert! 1. Chr 16,31

Was hat denn der David da für eine Brille auf? Sieht er denn nicht, wie die Welt wirklich aussieht? Übersieht er denn, dass manche Tage überhaupt nicht zum Lachen sind? Wie soll ich mich denn freuen, wenn meine Beziehung in der Krise steckt und mein Geschäft auf wackeligen Beinen steht? Doch David ist kein unrealer Typ. Er kennt alle Hochs und Tiefs, mit Versagen und der Übermacht von Gegnern. Gerade da ist interessant, welchen Blick er entwickelt hat. „Der Herr regiert!" Das verändert die Sichtweise auf das ganze Leben. Da ist die Katastrophe nichts Schlimmes. Als Kirche und Ordenshaus bei uns abgebrannt sind, konnte man nur sagen, da ist das Alte abgebrannt. Da wurde mit dem was bisher war ein Strich gezogen. Verrückt, es war nicht aus und vorbei. Genau das, was jeder fürchtet, war der Start für Neues. War es wirklich schlimm keine Kleider und Schuhe, kein Zimmer und keine Erinnerungen mehr zu haben? Für mich war es eine der wertvollsten Erfahrungen von Glück. Mit Nichts als einem Plastikbeutel in der Hand, in dem die ersten geschenkten Hemden und Hosen drin waren, merkte ich, was Leben ist. Der Herr regiert. Ich konnte mich freuen, dass in mir alles liegt, um alles wieder aufzubauen.

Wo der Herr regiert, habe ich eine andere Beziehung zu mir selbst. Da brauche ich mich weder fürchten vor dem was war, noch vor dem was kommt. Da sehe ich, wo der Herr regiert, gibt es immer einen Weg. Da kann ich mich freuen und das Leben ausschöpfen, auch wenn ich verkohlte Balken auf den Schutt trage. Wir hatten viel Spaß als wir die Trümmer der Kirche entsorgten. Danach ist alles noch viel schöner geworden.

Wo können wir Freude in unseren Katastrophen entwickeln?

Feiere mal, um Sorgen zu erschrecken

Was der Herr tut, das ist herrlich und prächtig, und seine Gerechtigkeit bleibt ewiglich. Ps 111,3

Am 31. Mai ist der bulgarische Verhüllungskünstler Christo verstoben. 1995 gingen Bilder um die Welt, als er den Reichstag durch weiße Tücher in eine Märchenwelt gehüllt hatte. Jeder konnte sagen, das ist der Reichstag, obwohl er ihn nicht sehen konnte. Ein Gefühl, das wir oft bei uns selbst haben. Da nimmst du oft nur den Augenblick wahr, wo dir eine Krise den Boden unter den Füßen wegzieht. Du siehst die vielen Fragen, auf die du keine Antwort hast. Es gibt Tage, an denen du glaubst, du wärest diesem Leben hinten und vorne nicht gewachsen. Doch hinter der Fassade ist jeder Tag ein Fest, das es zu feiern gilt.

Der Psalmbeter hat kapiert, dass vieles im Leben nur verhüllt ist. Er sagt sich, wenn ich nur auf das schaue, was mich umhaut, habe ich Tomaten auf den Augen. Hinter dem was ich sehe, liegt der eigentliche Zauber. Da werden herrliche Fäden gesponnen, die ich vor lauter Sorgen übersehe. Hinter meiner Wahrnehmung steht eine viel größere Wahrheit. Über dem Unrecht, bei dem sich Menschen die Köpfe einschlagen, steht eine ordnende Gerechtigkeit, die Chaos verwandelt. Dort wo ich Tod sehe, offenbart sich in Wirklichkeit die Auferstehung für etwas ganz Neues. Was in meinem Leben nach Verwesung riecht, ist auf dem Weg zu prächtigem Blühen. Weil hinter allem, was ich im Moment nicht begreife, der schaffende Gott steht, bin ich auf Herrlichkeit programmiert.

Ab jetzt kannst du feiern. Lass dir weder von dir selbst noch von anderen einreden, du wärst nicht genug. Fange gerade in der Krise, wo es dir nach allem anderen zumute ist, an zu feiern und in Dankbarkeit auszubrechen. Wenn du in deiner Not diese Antwort wählst, entfaltet sich im Schmerz, im Fragen, in aller Unsicherheit das Ewige, das in dir aufstehen will.

Was hält dich zurück heute zu feiern, um deine Sorgen zu erschrecken?

Schöpfe aus der inneren Ruhe

Wohl denen, die das Gebot halten und tun immerdar recht! Ps 106,3

35.000 Mitarbeiter der Lufthansa atmen auf. Sie sind wahrscheinlich gestern, nach einer 6-stündigen Zitterpartie um ihre Existenz, mit einem sehr wohligen Gefühl ins Bett gegangen. Große Erleichterung, dass ein 9 Milliarden Hilfspaket die Insolvenz abgewendet hat. Bei „Wohl" geht's einem durch und durch; da läuft das Herz über, da werden Glücksgefühle im Überfluss ausgeschüttet. Ich freue mich über dieses umwerfende Ergebnis. Das Wohl, das der Psalmbeter anspricht, holt noch mehr aus. Wohl ist der Zustand, in dem alles passt, der Mensch mit sich im Reinen ist und tiefer Frieden einkehrt. Das ist das Wohlgefühl, das auch dann noch da ist, wenn gestern die Rettungsverhandlungen gescheitert wären. Es ist das Wohl, das von äußeren Kapriolen unabhängig ist. Es ist das Glücksgefühl, das nicht den Schwankungen der Vergänglichkeit ausgesetzt ist.

Wohl ist das Ruhen in deinem Leben, das Ruhen in deinem Gott. Da bist du im Einklang mit dir und dem Ewigen. Du bist in dem unvergänglichen Teil in dir Zuhause. In dem heiligen Raum, in dem du in dir mit Gott alleine bist. In dem Moment, wo du „Ich bin" sagst, bist du reine Existenz. Dieser Zustand ist unabhängig von deinen Erfahrungen, deinen Erlebnissen, deinem Schicksal. Da bist du einfach ewiges Sein, das keinen Anfang und kein Ende hat. Wenn du einmal die Augen schließt und dein „Ich bin" auf dich wirken lässt, wirst du spüren, dass dieses „Ich bin" dich bis zum heutigen Tag gebracht hat. Dein „Ich bin" hat alle bisherigen Schmerzen überlebt. In diesem „Ich bin" ruht dein ewiges Eins sein mit Gott.

Das ist das Gebot, das dein Überleben und dein Wohl garantiert. Wenn du in dein „Ich bin" eintauchst, bist du mit dem unzerstörbaren Teil deines Lebens verbunden. Du bist Zuhause, auch wenn deine Existenz wegbrennt.

Was hilft dir heute, um aus dem Wohl dieser inneren Ruhe zu schöpfen?

Du bist ein Traum

Der Herr hat uns gemacht und nicht wir selbst zu seinem Volk und zu Schafen seiner Weide. Ps 100,3

Du bist der Wunsch, den Gott sich selbst erfüllt hat, sagt Pater Eckstein. Du bist ein absolutes Wunschkind. Auf dich hat einer sehnlich gewartet. Auch hinter jedem Kind, das menschlich ein Unglück war, steht der Wunsch Gottes. Keiner der lebt, ist nur fünftes Rad am Wagen. Es ist nicht egal ob du da bist. Gerade du bist gewollt. Gott ist total verrückt nach dir. Dass du bist hat einen gewaltigen Sinn. Das reißt Leben aus aller Belanglosigkeit. Mit dir ist für Gott ein Traum in Erfüllung gegangen. Du bist wer, in der Unendlichkeit der Schöpfung. Was Gott macht ist kein No-Name. Du bist nicht einfach da, das Beste aus deinem Leben zu machen, du bist gemacht Volk zu sein. Das sind diejenigen, an denen sich Gott zeigt. An ihnen offenbart sich grenzenlose Herrschaft, die nicht den Gesetzen dieser Welt unterliegt. Mit diesem Volk erschafft er Herrlichkeit, auf dem Boden einer zerfallenden Erde. Du bist für die Fiktion Gottes geschaffen. Seine atemberaubenden Gedanken sollen in dir Auferstehung feiern.

Dies geschieht durch Christus und das Wort. Sie sind Hirten über die Schafe. Wir sind von befreiender Kraft geführt. Von dem Wort, das gesprochen wird und dann geschieht. Wir sind von der Energie angetrieben, für die alles Sterben zu neuem Leben führt. Wir sind gewollt und geführt. Das hebt alles Dasein auf eine andere Ebene. Da hat unsere Existenz höchste Bedeutung. Da ist es nicht egal was ich mache. Da müssen alle Sensoren ausgefahren werden, um zu entdecken, was Gott sich mit mir erträumt hat. Da kann ich meine Seele nur noch auf Empfang stellen, um sie von höchster Stelle inspirieren zu lassen.

Wir sind erwählt Frucht zu bringen. Bist du bereit für grandiose Führung?

Lass dich befruchten

Gott, gedenke an deine Gemeinde, die du vorzeiten erworben und dir zum Erbteil erlöst hast. Ps 74,2

Das Leben ist oft die pure Irritation. Mit Herzblut engagierst du dich dafür, mit Blumen Menschen zu erfreuen. Jahrzehntelang hast du aus Liebe heraus Ideen entwickelt, um mit deinem Team im Blumenhaus, den Funken von Herz zu Herz überspringen zu lassen. Doch auf einmal kommt alles anders. Zuerst schwächelt die Autoindustrie und Firmenkunden brauchen keine Blumen am Empfang mehr, dann kommt ein Virus, das alles lähmt. Plötzlich funktioniert das was bisher ging, nicht mehr. Du hast ein traumhaftes Geschäft, das kein Geschäft mehr macht. Das Gottesvolk fragt sich, „Wir sind doch die Erben Gottes, wir haben eigentlich die optimalen Bedingungen, stehen jedoch mitten im Krieg, wie passt das zusammen?"

Einstein sagte: Du kannst die Probleme nicht auf der Ebene lösen, auf der sie entstanden sind. Gehe für die Lösung deines Problems auf eine höhere Ebene. Der Glaubende nimmt die Christus-Perspektive ein. Christus hat unter Blut und Tränen sein bisheriges Leben losgelassen, um in der Kraft des Geistes ein Neues zu schaffen. Neuschöpfung ist kein Flickwerk des Alten, bei dem etwas aufgepäppelt wird. In Neuschöpfung entsteht ein Kind aus einer Samenzelle, die eine Eizelle befruchtet. In den Problemen stehst du nicht vor dem Nichts, sondern deine Situation will sich mit dem Heiligen Geist verschmelzen.

Darauf besinnst du dich, wenn du glaubst, dass deine Krise von dem himmlischen Erbe befruchtet wird. Befruchtung steht unter einer solchen Dynamik, dass es in deinem Schmerz darum geht, wie er vom Geist berührt wird. Wo du dich an dein schöpferisches Erbe erinnerst, liegt darauf die Anziehungskraft von Samenzelle und Eizelle.

Welches Problem möchtest du heute dieser Befruchtung aussetzen?

Wachse in deine Größe

So halte nun die Gebote des Herrn, deines Gottes,
dass du in seinen Wegen wandelst und ihn fürchtest. 5. Mose 8,6

Diese Empfehlung könnte man auch so ausdrücken, wie einige Mosebücher zuvor: „Bleibe im Garten Eden, esse von der endlosen Fülle an Früchten im Paradies, bis auf die eine, die dich kaputt macht, dann sei fruchtbar und vermehre dich!" Oder: „Sieh die unendliche Größe, die du bist, fange an sie zu entfalten und liebe das umwerfend Göttliche in dir. Sieh an, dass du viel mehr bist als dein physisch sichtbarer Körper, der nur die Spitze eines riesigen Eisberges ist. Mindestens das Zehnfache liegt im Verborgenen, weil ein Geist und eine Seele in dir leben, die dich weit überragen."

Dieses Gebot Gottes ist der Stich ins Herz, nicht in unserer Kleinheit, Angst und den ständigen Zweifeln an uns stecken zu bleiben. Wo es um diese Gebote geht, will Leben aus allen Nähten platzen. Diese Gebote sind der Aufruf, nicht in unserer vom Verstand erfassbaren Welt stecken zu bleiben. Da geht es nicht um Einschränkung, sondern die Explosion der Gaben, die Gott verschwendet. Wir sind Ausschöpfer der Grenzenlosigkeit. D. h. wir werden gar nie die Fülle erfassen, die uns zur Verfügung steht. Unser Herz soll unter diesem Reichtum weit werden und der Verstand vor Fassungslosigkeit in die Knie gehen. Gebote halten heißt: Verschwende die Liebe, die sich an dich verschwendet. Fange an deine Größe zu entdecken, sie zu lieben und dann liebe jeden Menschen in dieser Größe.

Wo wir das ernst nehmen, wo wir ehrfürchtig vor dieser dynamischen Kraft stehen, revolutionieren die Glaubenden die Welt. Wo wir die Gebote verachten, fressen uns die Tage nur noch auf. Durch Zweifel an uns selbst verlieren wir jegliche Hoffnung an die Zukunft. Daher ist dieses Gebot der Aufruf, zu unserer wahren Größe zu stehen und sie auszul(i)eben.

Welche Ängste hindern uns an diese unfassbare Größe zu glauben?

Lass das Unrecht zittern

Du sollst das Recht nicht beugen und sollst auch die Person nicht ansehen und keine Geschenke nehmen. Denn Geschenke machen die Weisen blind und verdrehen die Sache der Gerechten. 5. Mose 16,19

Die Bibel zeigt in ernüchternder Weise auf, wie manipulierbar Menschen sind und wie leicht wir uns blenden lassen. In uns steckt die Veranlagung, den Weg des geringsten Widerstandes zu gehen und unseren Vorteil zu suchen. Wo Menschen kein starkes Korrektiv haben, keine klaren ethischen Werte, die aus dem Glauben heraus kommen, beginnt Trickserei und Elend. Bevor in Europa die Grenzen aufgingen, gab es teilweise langwierige Grenzkontrollen. Wer Pflanzen von Holland nach Deutschland importierte, hatte wegen des Pflanzenschutzes eine komplexe Abfertigung. Man war dem Wohl und Wehe der Grenzbeamten ausgeliefert. Da halfen ein paar Blümchen, um zeitaufwändige Inspektionen rasant zu beschleunigen. In diesem Fall sicher kein kriminelles Verbrechen, sondern mehr eine Energiespritze, um einen trägen Beamtenapparat etwas zu beschleunigen. Doch es zeigt, wie schnell wir in der Lage sind auf diese Tour zu reisen. Geschenke machen blind und verdrehen die Sache der Gerechten. Welch eine tiefe Wahrheit steckt da drin.

Wir brauchen eine starke Orientierung, dass wir nicht aus dem Ruder laufen. Vom Unrecht ablassen kann einer, der im Recht zuhause ist. Die Gottesbeziehung stabilisiert, wenn der Boden schlüpfrig wird. Wo wir lernen der inneren Stimme, dem Wort Gottes, Raum zu geben, wächst unsere Persönlichkeit. Da stehen dann Menschen auf, die sagen: Hier stehe ich, ich kann nicht anders. Solche gestandenen Menschen wirken in die Ungerechtigkeit der Welt. Je stärker wir uns auf Christus beziehen, umso weniger manipulieren wir oder lassen uns manipulieren. Da herrscht ein anderes Recht.

Wie sehr sind wir im Wort gefestigt, dass Unrecht vor uns zittert?

Nackt bist du am reichsten

Ich bin nackt von meiner Mutter Leibe gekommen,
nackt werde ich wieder dahinfahren. Hiob 1,21

Hiob war ein reicher Mann. Nachdem er alles verloren hatte, war er noch reicher. Der Verlust von Frau und Kinder, von seinen Tieren und Besitz, stellte ihn auf null. Als Häufchen Elend, brach er zur wertvollsten Erkenntnis seines Lebens durch. Ich bin nackt, das ist mein größtes Kapital. Ich habe nichts und doch alles. Das Beste was mir passieren kann, ist zu entdecken, dass ich die Hauptperson meines Lebens bin. Hiob begriff sein Leben von der Wiege bis zur Bahre als ein singendes Spiel zwischen den Welten. Atmen können und einen Gott zu haben, wurde sein Schatz.

Vor etwa zwei Jahren machte der Radiosender SWR 3 eine Reportage über Minimalismus als Lebensstil. Dabei fragte die Moderatorin bei uns im Kloster um ein Interview an. Ich verdutzte sie durch den Satz: „Verzicht macht frei, weil Freiheit nicht im Äußeren liegt." Wenn du nichts mehr hast als ein paar Klamotten auf dem Leib, wie wir nach dem Brand, kennst du das befreiende Gefühl das Hiob hatte. Zum Weitermachen war nur das wichtig, dass du bist. Du hast dich und den Glauben an einen grenzenlosen, bargeldlosen Gott. Mit dieser Voraussetzung bist du auf die Welt gekommen und das ist purer Reichtum. Wo du dich über deine Arbeit, Besitz oder Beziehungen definierst, bist du in der Tiefe arm und vom eigentlichen Wert des Lebens abgelenkt. Nackt ist deine ganze Schönheit, weil darin nichts anderes als Gott groß ist.

Wie spielerisch, glücklich und erfüllend wird ein Leben, das nicht tagtäglich von dem Streben nach mehr geprägt ist. Am letzten Tag deines Lebens wirst du unfreiwillig alles loslassen müssen, an das du dich geklammert hast. Daher greife nach dem Reichtum den du hast, bei dem viel mehr da ist, als du jemals verbrauchen kannst.

Wo könnte ich mehr spielen und lieben, als Vergänglichem nachjagen?

Lieben trotz Ärger

Josef sprach zu seinen Brüdern: Zankt nicht auf eurem Wege! 1. Mose 45,24

Wo Menschen sind, menschelt es. Ganz egal ob in einer Partnerschaft oder in einer geistlichen Gemeinschaft. Es gibt immer genug Grund sich über andere aufzuregen. Der ist immer so aufbrausend, die hört nie richtig zu und dann noch der mit seiner ewigen Schlamperei. Es gibt täglich Anstöße, alles hinzuschmeißen. Das Bröselige, das Miteinander auseinandertriften lässt, braucht einen Leim der zusammenhält. Dynamische Gefüge brauchen ein tragfähiges, belastbares und flexibles Bindemittel. Dazu hilft kein moralisches Rezept, das ein immer schön nett sein fordert, sondern das erfordert eine schöpferische Tragfähigkeit. Wo Gott Gemeinschaft mit Menschen will, liebt er sie trotz Ärger. Er wartet nicht, bis sich etwas ändert, er ändert seine Einstellung zu menschlichen Abgründen. Das Mittel gegen Zoff ist nicht das recht haben, sondern das Vergeben. Das ist der Leim, der zusammenhält, das ist die Brücke über unüberwindbare Abgründe. Vergeben lässt das los, was im Miteinander belastet. Im Vergeben ist die Liebe stärker als der Hass.

Wir können andere tragen und ertragen, weil wir selbst getragen sind. Wer sich geliebt weiß, über Macken, die einem ein Leben lang nachschleichen, kann seinen Bruder nicht verdammen. Wem vergeben wurde, der kann vergeben. Damit ist die christliche Botschaft ein wahres Wundermittel, für die ach so menschlichen Stresspunkte. Den Zank schaffen wir nicht mit einer lebenslänglichen Dauererziehung des Anderen aus der Welt, sondern wo wir vergeben und damit für Belastungen tragfähiger werden. Eine Frau sagte über ihren Mann: Früher oder später werde ich ihm sowieso wieder verzeihen, warum soll ich es dann nicht gleich tun.

Lieben und tragen wir, oder wollen wir andere erziehen?

Frisch verheiratet

Ich will einen ewigen Bund mit meinem Volk schließen, dass ich nicht ablassen will, ihnen Gutes zu tun. Jer 32,40

Ich verspreche dir die Treue in guten und in schlechten Tagen, in Gesundheit und Krankheit, bis der Tod uns scheidet. Ich will Dich lieben, achten und ehren alle Tage meines Lebens. Trage diesen Ring als Zeichen unserer Liebe und Treue. Auf dieses klassische Versprechen legt Gott noch eine Schippe drauf.

Gottes Heiratsabsichten sind umwerfend. Er wirbt um einen Bund für immer und ewig. Den Tod gibt es bei dieser Trauversion gar nicht. Einmal verheiratet, immer verheiratet. Gott hat zeitlebens Glücksgefühle, wenn er an uns denkt. Wenn Gott uns heiratet, knüpft das Liebesband Himmel und Erde zusammen. Beileibe keine abstrakte Fernbeziehung; da ist mit Christus der Bräutigam mitten in der Welt. Erbarmen umarmt uns, Heil streichelt uns. Unser Lebenspartner ist der, der Stürme stillt, dessen Stimme Wälder kahl reißt und die Erde beben lässt. Wir sind auf du und du mit dem, der Gefängnisgitter sprengt und gefräßigen Löwen das Maul verbindet. Neben uns geht der, der mit seinem Stock das Meer teilt und andere im Feuerofen nicht verbrennen lässt. Eine absolute Liebesheirat.

Dieses Treueversprechen gilt gerade für die Tage nach dem Brautwalzer. Genau wenn das Kleingedruckte des Lebens beginnt. Dort wo uns das Leben eiskalt erwischt, wo wir vor lauter Pflichten nichts mehr von einem Traum spüren. Dort wo die Kerzen ausgeblasen und die Musik verstummt ist, beginnt die Qualität der Treue. Jeden Sonntag feiern wir Auferstehung, und lassen diesen ewigen Bund aufleuchten. Mit Brot und Wein vergegenwärtigen wir dieses Vermächtnis. Wir sind glücklich verheiratet, das können wir glauben.

Was hält uns ab, jeden Morgen neu diesen Ring anzuziehen?

Wage das Neuland

Er weidet mich auf einer grünen Aue und führet mich zum frischen Wasser.
Er erquickt meine Seele. Ps 23,2-3

König David verwendet dieses saftige Bild. Er, als Ex-Hirtenjunge, sieht Leben unter höchster Führung. Hirten wissen wo´s lang geht. Sie leben naturgemäß zwischen Himmel und Erde. Mit Weitblick haben sie bereits das nächste knackige Weideland im Auge. Sie hören schon das sprudelnde Quellwasser in weiter Ferne, wovon noch kein Tropfen zu sehen ist. Sie sehen etwas, was andere nicht sehen. David war Schafhirte. Er war Hirte seines Volkes und sah sich vom obersten Hirten geführt. Wenn Gott auf grüner Aue weidet und zum frischen Wasser führt, dann platzt das Leben aus allen Nähten. Da stehen Geführte unter einem Horizont, den sie sich selbst nie erträumen konnten. Unter dem Hirten Jesus verbinden sich Himmel und Erde. Da scheint der Morgenglanz der Ewigkeit in unseren Pferch. Da erfährt ein Mensch Führung, die ihm die Sprache verschlägt.

Pralles, sattes, erfülltes Leben, heißt Führung unter diesem Hirten. Warum sehen wir dann so wenig davon? Wo stehen wir denn in solch knackigem, saftigen Gras? Wenn sich Leben nicht so frisch anfühlt und wir eher ausgetrocknet daherkommen, müssen wir fragen, unter welchem Horizont wir stehen. Wenn grüne Auen und frisches Wasser versprochen sind und wir nichts davon spüren, klappt das mit dem Führen nicht richtig. Ist da Angst, gewohntes Weideland zu verlassen und weiterzuziehen? Halten wir an Vertrautem und Liebgewordenem fest und sind nicht bereit für eine atemberaubende Zukunft? Saftiges Land liegt vor uns, Quellen sprudeln für den, der dieser umfassenden Führung vertraut.

Was hält uns zurück, den Schritt zu wagen, der uns in neues Land führt?

 Veröffentlicht am 13. August 2019

Erhebe dein Haupt in der Krise

Der Herr, dein Gott, ist bei dir gewesen. An nichts hast du Mangel gehabt. 5. Mose 2,7

Eine abgebrannte Kirche ist eine Katastrophe, wenn das eingestürzte Dach als verkohlte Balken auf dem Kirchenboden liegt und dazwischen Metallklumpen aus geschmolzenen Orgelpfeifen. Das Gehirn schaltet erst einmal auf Schockstarre. Das Herzstück einer Bruderschaft, ein Trümmerhaufen. Der über 3 m große, auferstandene Christus verbrannt, der Altar, eine Steinwüste. Dann ging man in das angrenzende Bethlehem-Foyer, eine kleine Seitenkapelle – dasselbe Bild, abgestürzte, schwarze Balken, gesprungene Fensterscheiben, doch man traute seinen Augen nicht. Mitten in diesem Chaos stand die lebensgroße, holzgeschnitzte Krippe unversehrt. Keine Brandflecken, keinen Schaden, völlig original.

„Dein Gott ist bei dir gewesen." Er war mitten im größten Unglück. Er war mitten im zerstörenden Feuer. Er ist mitten in der Isolation der vielen Menschen, denen gerade die Decke auf den Kopf fällt. Wo wir gehen und stehen ist Gott. Keine Katastrophe ist gottlos. Der Gott, der gerade die Natur mit einer Blühexplosion auf den Kopf stellt, der ist auch auf den Intensivstationen, wo Ärzte und Schwestern ums Überleben von Menschen ringen. Gott ist in dem sterbenden Christus am Kreuz gegenwärtig. Wie schnell sorgen wir uns, was alles Schlimmes über uns hereinbrechen könnte. Doch allein die Tatsache, dass sie heute hier sind und diese Zeilen lesen zeigt, dass sie bisher alles überstanden haben. Die Krippe steht noch. Erlösung liegt in der Wiege.

In diesem Bewusstsein können wir allen Folgen und Auswirkungen von Corona begegnen. Wenn auch jeder auf eine andere Weise davon betroffen ist, ist uns in die Wiege gelegt: Ihr habt an nichts Mangel gehabt. Der Glaube kann sein Haupt in allen Krisen erheben.

Wenn die Krippe noch steht, was will daraus erwachsen?

Lass mal den Geist machen

*Wenn ich auch noch so viele meiner Gebote aufschreibe,
so werden sie doch geachtet wie eine fremde Lehre.* Hos 8,12

Menschen sind Macher. Ich war gestern ganz allein unterwegs, nichts Lautes um mich herum und doch ging in meinem Kopf der Punk ab. Meine Gedanken machten parallel einen Spaziergang ins Gestern und Vorgestern. Sie machten Programme für morgen, machten sich Sorgen für übermorgen. Vor lauter „machen" und wo anders sein, merkte ich kaum, dass die Blattknospen der Buchen prall in der Sonne glänzten und im Unterholz die Blätter schon ausgetrieben hatten. Beinahe hätte ich vor lauter „machen" diesen energiegeladenen Moment verpasst.

Auch die alten Israeliten waren ein umtriebiges Volk. Sie bauten Tempel und Paläste. Sie machten einen Altar nach dem andern, für immer neue Gottheiten. Heute schmieden wir Programme, wie wir in den Gemeinden trotz „Hausarrest" irgendetwas auf die Beine stellen können. Wir wollen etwas machen. In der Krise sind ja kreative Lösungen gefragt. Doch Gott sagte damals dem hyperaktiven Volk: Soll ich euch wieder in die Gefangenschaft nach Ägypten schicken, dass ihr zur Besinnung kommt? Oder heute: Meint ihr, wenn ihr jetzt zuhause sitzt, niemand besuchen könnt und dafür im Internet surft, bis das Netz zusammenbricht, dass ihr dann eure Erfüllung findet? Soll ich noch mehr Gebote aufschreiben, noch mehr Viren schicken, dass ihr in meiner Gegenwart ankommt?

Da ist doch bei einem Frühlingsspaziergang durch den Wald eine virenfreie Zone. Kirschblüten auf den Wiesen platzen auf. Mein Atem bewegt meinen Brust- und Bauchraum und macht mir bewusst, wie lebendig ich gerade bin. In dieser Stille, in dieser Präsenz ist der Himmel offen. Wo wir das erfassen und nicht als etwas Fremdes betrachten, machen wir nichts mehr, sondern der Heilige Geist hebt unseren Geist empor.

Wo fällt es uns schwer, still zu werden und den Geist machen zu lassen?

Gib nie, nie, nie auf

Hilf uns, Herr, unser Gott; denn wir verlassen uns auf dich. 2. Chr 14,10

Winston Churchill wurde schwer auf die Probe gestellt. Nacht für Nacht entluden die deutschen Bomber ihre tödliche Ladung über London. Seine Freunde rieten ihm, sich zu ergeben, denn er würde seine Landsleute sinnlos opfern und sich an seinem Volk schuldig machen. Doch gerade in den dunkelsten Stunden seines Lebens, in denen es nicht nur Bomben hagelte, sondern endlose Vorwürfe auf ihn niederprasselten, ging er ins Freie, stieß seine geballten Fäuste in den nächtlichen Himmel und schrie: Ich gebe niemals auf! Und die Geschichte gab ihm recht.

Wie gehen wir damit um, wenn uns das Leben von der eiskalten Seite erwischt? Was tun wir, wenn mehr Fragen als Antworten da sind? Auch Glaubende müssen hart durch. Da ist oft nicht mehr viel übrig von dem anfänglich jugendlichen Feuer, das uns einst angetrieben hatte. Wir kommen uns leer und verlassen vor. Doch im „Verlassen" liegt die Antwort. Ich habe im entscheidenden Moment das Vertrauen losgelassen. Die herrliche Doppeldeutigkeit, die in diesem Wort liegt, ist die Lösung. Ich verlasse mich auf Gott, damit ich nicht verlassen bin. An unserer Grenze will sich dieses Verlassen in uns verwandeln. Gott, der niemals von unserer Seite rückt, will in unserer Nacht einen Sog zu sich entwickeln. Wo wir keine Zukunft sehen, soll der Anker in seine Zukunft fallen.

Jesus legt noch eine Schippe drauf: Bittet und ihr empfangt; sucht und ihr findet; klopft an und die Türe geht auf. Es gibt keinen Zweifel daran, dass wir empfangen, finden und uns aufgetan wird. Es ist alles da; es wird sich alles erfüllen. Wir sollen in diese Erfüllung hineinwachsen.

Wenn die Verheißung grenzenlos ist, bleibt die Frage: Hören wir auf zu klopfen? Drehen wir uns um, bevor die Türe aufgeht? Lassen wir zu früh nach mit suchen? Betrügen wir uns selbst, weil wir vorzeitig aufgeben?

Das in-den-Krisen-Aufsteh-Paket

Ich will hoffen auf den Herrn, der sein Antlitz verborgen hat vor dem Hause Jakob. Jes 8,17

Man kann im Leben nicht alles haben. Wir müssen uns zufrieden geben, mit dem was ist. Mir ist bestimmt, so zu leben, wie es das Schicksal eben fügt. Sätze, die wir kennen, oder selbst schon ausgesprochen haben. Alle drei Aussagen haben eines gemeinsam, sie haben keine Hoffnung. Darin strotzt die ganze Hilflosigkeit gen Himmel. Hier sieht sich der Mensch als armes Würstchen, ohne die gestalterische Kraft, die er eigentlich hat. Ich will auf den Herrn hoffen, ist das glatte Gegenteil. Da bäumt sich der Glaube gegen alle Umstände auf. Da reißt ein erwartungsvolles Herz den Himmel ein. Dieses Hoffen ist der Griff über die irdische Linie. Solch ein Hoffen akzeptiert keine menschlichen Grenzen, weil es auf der Seite dessen steht, der Himmel und Erde gemacht hat. Auf den Herrn hoffen setzt alle Energien frei, die Menschen zum Schöpfer dieser Welt machen. Diese Hoffnung ist das Gegenstück zu all dem was Menschen zerstören. Darin liegt die welterhaltende und aufbauende Macht. Diese Hoffnung treibt an, die unsichtbare Welt Gottes sichtbar zu machen.

Wer auf den Herrn hofft, übernimmt die volle Verantwortung für sein Leben. Darin liegt das komplette in-den-Krisen-Aufstehpaket. Da ist der Glaube die treibende Kraft in den widrigsten Umständen. Auch dort, wo wir wie Hiob in allen Himmelsrichtungen nichts von Gott erkennen, wo die Existenz auf ein Minimum weggebröselt ist, lässt dieses Hoffen aktiv bleiben. Der Glaube gegen die Stürme des Lebens hält uns lebendig. Wir brauchen nicht auf bessere Zeiten hoffen, sondern durch das Hoffen auf den Herrn werden meine Zeiten besser.

Hoffen wir entschlossen, oder lassen wir die Dinge auf uns zukommen?

Wage es einfach

Der Herr, der selber vor euch hergeht, der wird mit dir sein und wird die Hand nicht abtun und dich nicht verlassen. Fürchte dich nicht und erschrick nicht! 5. Mose 31,8

In meinem Jahresplaner steht in jeder Woche die Frage: Was würde ich heute tun, wenn ich wüsste, dass es mir auf jeden Fall gelingen würde? Voll den wunden Punkt getroffen. Wir sind in dem, was wir anpacken eher zu vorsichtig, als zu forsch voranschreitend. Da legt sich eine Hand auf die Schulter die sagt: Tu es nicht. Das ist zu riskant. Du wirst dir die Finger verbrennen. Du bist doch gar nicht sicher, ob du das kannst. Wir kennen die abratenden Flüstertöne, wir kennen die Angst etwas zu riskieren. Da braucht es ständig das: Fürchte dich nicht.

Mose beantwortet hier genau die Frage meines Planers. Dem Volk sagt er: Schreckt nicht vor Problemen zurück, die sich vor euch aufbäumen. Widerstände sind euer täglich Brot. Ihr werdet Wüsten durchqueren, Nächte durchwandern, Meere durchschreiten, Schlachten schlagen und trotzdem im verheißenen Land ankommen. Ihr könnt auf Autopilot schalten und ihr kommt durch alle Kapriolen hindurch. Gott garantiert euer Ankommen. Hinter euch steht die Gewalt, der Wind und Wellen gehorchen. Ihr könnt nicht aus der Schöpfermacht herausfallen. Egal wie steinig der Weg ist, er liegt in den Händen dessen, der vorangeht.

Wenn Zweifel und Bedenken aufstehen, wenn die Angst uns zurückhalten will, stehen wir am Punkt des Vertrauens. Die Angst fragt uns: Glaubst du? Gerade wo die Knie schlottern, will Gottvertrauen wachsen. Wo wir anfangen zu vertrauen, geht Licht mit in unsere Nacht und Friede in unseren Kampf. Wage es, du bist nicht verlassen. Hinter uns steht der Meeresteiler, der Sturmbesieger, der Toten-Auferwecker, vertrau' einfach.

Was werde ich heute tun, weil Er selber vor mir hergeht?

Gib dir den Schuss Dopamin

Der Herr wird's vollenden um meinetwillen. Ps 138,8

Wir kommen mit etwa 100 Milliarden Neuronen im Gehirn auf die Welt. Diese Zellen warten nur darauf, sich ohne Ende zu vernetzen. In uns liegt eine natürliche Lust zu lernen und zu wachsen. Kleine Kinder sind wissbegierig ohne Ende. Sie lernen täglich dazu. Es ist faszinierend, diese Lernerfolge zu erleben. Jedes Mal, wenn das Laufen lernen beginnt, das erste Mal das Wort Mama aus dem Mund kommt, vernetzen sich Neuronen, die das Gefühl von Lebendigkeit erhöhen. Sie machen hellwach und Lust auf mehr. Wenn wir später „vernünftig" werden, wurde dieses heitere Vernetzen abtrainiert und wir haben uns auf ein „Normalmaß" eingependelt, wo diese sprühende Entwicklung immer weniger wird.

Gott hat Lust auf Entwicklung. Er will neue Netzwerke knüpfen, die lebendig machen, die jeden Tag lernen und das Unerforschliche erforschen. Er will Menschen erweitern und unter seinen Segenstrom stellen. Mit allem, was an uns geschieht, will er uns hellwach machen. Jedes Ereignis, ob niederschmetternd oder aufbauend, will unsere Entwicklung anregen. Ein Kind das beim Laufen lernen immer wieder auf die Nase fällt, wird nie sagen: Ich gebe auf, ich bin anscheinend nicht zum Laufen geboren. Nein, alles Schmerzhafte dient dem Wiederaufstehen. Beobachten wir einmal, wie schnell wir zu uns sagen, das kann ich nicht, das ist nicht meins, das können andere besser. Wir haben gelernt, uns systematisch zu begrenzen und stehen zu bleiben.

Wenn Gott in uns seine Liebe, Vergebung und Auferstehung vollenden will, sind da, egal wie alt wir sind, Milliarden von Neuronen, die Lust auf Lernen haben. Wir sind nicht dazu geschaffen, dass es irgendwann genug ist, sondern dass wir jeden Tag neu den Dopamin-Ausstoß des Lebens erfahren und hellwach werden.

Was mache ich heute anders und was will ich dazulernen?

Mit vollen Händen verschwenden

Ich habe dich einen kleinen Augenblick verlassen,
aber mit großer Barmherzigkeit will ich dich sammeln. Jes 54,7

Manchmal werden wir unter Gottes Wegen schier verrückt. Wir verstehen nicht, warum er schnell mal eine mühsam erbaute Kirche herunterbrennen lässt, oder eine unheilbare Krankheit schickt. Gottesvolk unter ägyptischer Herrschaft oder babylonischer Gefangenschaft ist alles andere als ein verheißungsvolles Zuckerschlecken. Jesus brachte durch seine Gegenwart eine ganz andere Perspektive in die menschliche Existenz, und sagt dann: Ich bin dann mal weg. Doch im Weggehen geschieht Verrücktes. Er sagt: Ich lasse euch nicht als Waisen zurück; ich komme zu euch. Wenn Christus sich von der Erde zurückzieht, dann dazu, um seine Wirkung zu verstärken. Er gießt seinen Geist aus. Damit vergrößert er seinen Einfluss. Er ist nicht mehr der Christus des einen Volkes, sondern der ganzen Welt. Er ist umfassende und ausnahmslose Realpräsenz. Damit vermischt sich irdische mit himmlischer Welt.

Mitten in der Asche wächst Glaube und Gottvertrauen. Im Exil entsteht Gemeinde. Die Gefangenschaft erfährt die totale Freiheit. Der Heilige Geist liefert Ergebnisse in katastrophalen Verhältnissen. Wo der Geist Raum findet, kann es uns noch so dreckig gehen, und wir empfinden es so, als stünden wir in einem Rosengarten. Der Geist verwandelt nicht das Äußere, er verwandelt uns. Damit gehen wir mit Widrigkeiten anders um. Wir brauchen nicht unsere Verlassenheit zu beklagen, sondern können darin die Welt verwandeln. Der Geist setzt unsere ganze Aktivität frei, die in der Asche Kirche baut. Wir sind nicht die Erschlagenen und Verlassenen, sondern die, die unter allen Umständen heilende Ergebnisse liefern.

Zu was darf der Geist heute unsere Hände füllen?

Du erntest was du säst

Wenn du deinem Nächsten etwas verkaufst oder ihm etwas abkaufst, soll keiner seinen Bruder übervorteilen. 3. Mose 25,14

Bei Konflikten sehen wir das Problem meistens beim anderen. Er ist lieblos, aggressiv, zurückhaltend, fordernd, über den Tisch ziehend. Dabei hat Konflikt sehr stark mit uns zu tun. Was hier mit ungerecht oder übervorteilen angesprochen ist, dahinter steht das mächtige Gesetz von Saat und Ernte. Wo wir das verstehen, können wir in unseren Beziehungen großartige Ernten einfahren.

Wir verkaufen Blumen, um davon zu leben. Der Kunde bekommt eine traumhaft großblütige Ecuador Rose für 3,50 €. Er vertraut mir, dass ihm danach seine Liebste buchstäblich um den Hals fällt. Ich verkaufe ihm somit einen Glücksmoment. Sein investiertes Vertrauen in uns macht sich bezahlt und er wird wiederkommen. Wenn ich ihm aber eine überständige Rose andrehe, die noch gut aussieht, doch nach einem Tag den Kopf hängt, geht der Schuss nach hinten los. Da ist nicht nur der Verkauf missglückt, sondern er hat Stress mit seiner Angebeteten. Hinter allem was wir tun steht eine Absicht. Wir säen Absichten und Glauben. Weil wir Spiegelbild Gottes sind, müssen wir damit rechnen, dass unsere Saat aufgeht. Wo wir Wohlwollen und Liebe säen, werden wir das auch ernten. Wo wir Angst, Bedenken oder „das merkt doch keiner" säen, wird auch das aufgehen.

An unseren Ergebnissen sehen wir, was wir ausgesät haben. Wo die Früchte nicht die sind, die wir uns wünschen, müssen wir unser Saatgut überprüfen. Um Frieden zu ernten, muss ich Frieden auswerfen. Um geliebt zu werden, muss ich Liebe verströmen. Glaubensmenschen greifen dazu in die Saatgutkiste des Wortes. Daraus schöpfen sie das, was sie säen.

Was säen wir, wenn um uns alles zum Verzweifeln ist?

Ein aktives Handeln angezapft

Gedenkt des Vorigen von alters her, denn ich bin Gott, und sonst keiner, ein Gott, dem nichts gleicht. Jes 46,9

In schwierigen Fragen braucht man Orientierung. Wo nichts mehr geht, bauen zwei Richtungen auf. Das Gedenken und das Aufschauen. Leben, das im jetzigen Augenblick stattfindet, in allen Höhen und Tiefen, nährt sich aus Rückschau und Vorschau. Wenn ich jetzt am Boden liege, schaue ich, wo die Kraft in der Vergangenheit war. Gott hat immer gehandelt. Er hat sein Volk durch die Wüste geführt. Er hat in Gefangenschaft aufleben lassen und das Meer weggeschoben, um seine Leute vor rachesüchtigen Verfolgern zu schützen. Im Gedenken stoßen wir auf eine lebendige Geschichte von Highlights, die auch unsere Biografie begleiten. Dass wir hier sind zeigt, dass es keine Krise geschafft hat uns niederzustrecken. Wir sind hier, weil es immer einen Weg durch alle Ausweglosigkeiten gegeben hat. Ein Gott, der uns bis hierher gebracht hat, für den ist es ein kleines, weitere unüberschaubare Situationen erfolgreich zu meistern.

Die andere Richtung, die stark macht, ist das Aufsehen auf Jesus. Wer mutige Schritte wagen will, die von Angst begleitet sind, auf unbekanntes Neuland zugeht, braucht einen Ankerpunkt auf den er seinen Glauben wirft. Wo das vor mir Liegende unsicher ist, greift das Aufsehen, nach dem was fest ist. In der Ohnmacht des Augenblicks, mache ich nichts anderes, als dass ich den Gott der Geschichte an mir zulasse. Ich lasse den Gott der Vergangenheit und der Zukunft in meiner Gegenwart zu. Damit verliert der Augenblick seine Sprachlosigkeit und wird aus der Tankstelle des immer handelnden Gottes versorgt.

Ist Gedenken und Aufsehen so mühsam, dass wir lieber darauf verzichten?

Lass dich umarmen

Wie sich ein Vater über Kinder erbarmt, so erbarmt sich der Herr über die, die ihn fürchten. Ps 103,13

Wenn eine schwangere, junge Eritreerin, nach eineinhalb Jahren Aufenthalt von einem klösterlichen Gästezimmer in eine Obdachlosenunterkunft der Stadt umziehen muss, ist das eine Tragödie. Doch die Umstände bieten in dieser Notsituation keine andere Lösung. Da braucht es sehr viel gutes Zureden, Aufbauen, Mut machen. Es braucht ein großes Herz voller Erbarmen, das mitleidet und sagt: Du schaffst das!

Wenn sich Gott erbarmt, dann schwirren seine Gedanken nur um uns. Er sitzt mit uns auf dem Boden und leidet an der Not, die uns niederdrückt. Erbarmen will das Kleine, das Erniedrigte groß machen. Es will das am Boden zusammengekauerte Häufchen Elend stark machen. Umarmend wischt er die Tränen ab und sagt: Hab keine Angst, du bist nicht alleine. Wir stehen zwar vor riesigen Problemen, doch mit meiner Unterstützung wirst du herrlich werden. Denke an die Probleme, die du bisher gemeistert hast, genauso wirst du in diesem Schmerz reifen und stark werden. Erbarmen Gottes zeigt am dunkelsten Punkt, da ist Kraft in Hülle und Fülle da. Glühende Liebe ist dafür den schwersten Kreuzweg gegangen, um selbst den Tod zur Herrlichkeit zu führen.

Erbarmen muss auf ein butterzartes Herz fallen. Wo wir empört über unsere Situation weiter stöhnen, wo wir bockig Zuwendung ausschlagen, wo wir trotzig uns verschließen, wird die innigste Umarmung eiskalt ablaufen. Erbarmen ist unendlich groß, doch es erreicht die, die sich unter die Arme greifen lassen. Das weit größere Elend entsteht, wenn wir das Wort, das uns aufrichten will, halsstarrig wegschieben. Anstatt warmherzig und mutig, werden wir dann immer kälter und verbitterter.

Bleiben wir störrisch, oder lassen wir uns umarmen für den nächsten Schritt?

Es ist alles da

Der Herr ist mein Hirte, mir wird nichts mangeln. Ps 23,1

Welch Freude steigt auf, wenn im Schoß einer Mutter neues Leben heranwächst. Die Glücksmomente überschlagen sich beim Schlagen der Herztöne und wenn ein kleines Füßchen die Bauchdecke nach oben wölbt. Man fiebert dem Augenblick entgegen, wenn der Sprössling unter Geschrei und einem tiefen Atemzug das Licht der Welt erblickt. Doch es kam ganz anders. Dieser hoffnungsvolle Tag sollte zum dunkelsten Tag einer Mutter werden. Bevor alles begann, war es bereits wieder vorbei. Die Zeit steht still, und erstickt im Schmerz.

Was bleibt, ist Gott und die Welt anzuklagen und unter dieser Bürde zu zerbrechen, oder etwas finden, was mich im freien Fall auffängt. Wo sich die Erde vor mir auftut, braucht's etwas, was nicht aus Erde gemacht ist. Wo Kommen und Gehen so dicht beieinander liegen, braucht's Unvergängliches. „Aus Gottes Hand, in Gottes Hand", als stiller Gruß auf der Kranzschleife, ist der Griff über mich hinaus. Ich war für eine kurze Zeit beschenkt und habe es wieder zurückgegeben. Zeichen dafür, dass Liebe stärker ist als alles Leiden; dass wer einen Hirten hat, am schwärzesten Tag des Lebens aufgefangen ist.

Wo der Hirte fehlt, werden die Schafe verrückt. Sie irren durch die Lande und werden vom Schicksal aufgefressen. Wie viele unserer Tage enden in der Verzweiflung? Wieder ein Streit, der sich nicht schlichten lässt, der Hoffnungen raubt und die Gesundheit ruiniert. In den Extremen des Lebens wird deutlich, welch eine übernatürliche Kraft, sich in diesem Psalmvers entfaltet. Wo es ganz dick kommt, entscheidet sich, ob wir im Mangel ertrinken, oder ob der Herr mein Hirte ist. Wenn mich diese starke Führung an die Hand nehmen darf, fehlt nichts, auch wenn alles wegbricht.

Wer kann sonst den Tisch reichlich decken, im Angesicht meiner Feinde?

Lerne vom Besten

Leite mich in deiner Wahrheit und lehre mich! Ps 25,5

Wer solch einen Satz spricht, will nicht stehen bleiben, egal welche Lektionen ihm seine Tage servieren. Er glaubt daran, dass alles im Leben zum Besten dient. Nichts kommt von ungefähr. Da zieht einer die Fäden, da will einer etwas erschaffen, was keiner sich erdenken kann. Wer bittet, leite mich und lehre mich, der will Gott auf die Finger schauen. Er ringt um Sinn hinter dem Unsinn. Er will aus den hellen und dunklen Kapiteln seines Lebens eine Lehre ziehen. Genau hier fängt der Glaube an lebendig zu werden. Ich steige aus meiner Opferrolle aus und fange an zu verarbeiten. Selbst wenn ich mir die Finger an der rechten Hand absäge, ist das nicht einfach ein Unfall aus dem man irgendwie das Beste machen muss. Das sicherlich auch, jedoch kann ich diese Tragik in den Gesamtzusammenhang stellen und fragen: Was kann ich daraus für mein Leben lernen? Für mich bedeutet es, lebe vielmehr im Jetzt. Sei mit deinen Gedanken nicht schon meilenweit voraus und übersehe den Moment, sondern schenke dem jetzigen Augenblick deine ganze Aufmerksamkeit.

Im Aufblick zu Gott finden wir in allem etwas, was wir lernen können. Das sind die Momente, wo wir dann in Krisen wachsen. Da bekommt jedes Missgeschick Qualität. Viktor Frankl hatte die bahnbrechende Erkenntnis seines Lebens im KZ. Dort wo er seine Familie verloren hat, selbst schwer gefoltert wurde, erkannte er: Wenn ich in einer solchen erbärmlichen Situation noch frei entscheiden kann, wie ich mich innerlich zu meinen Peinigern stelle, dann können das alle Menschen. Sie können mir zwar alles nehmen, jedoch nicht die Freiheit, wie ich mit diesen Dingen umgehe. Wir können aus allem lernen. Bitten wir Gott darum, dass wir die Lehre entdecken und im Glauben wachsen.

Wo werden wir größer, wenn wir vom größten Lehrmeister lernen?

Liebst du mich?

Der Herr, euer Gott, versucht euch, um zu erfahren, ob ihr ihn von ganzem Herzen und von ganzer Seele lieb habt. 5. Mose 13,4

Ich kenne einen Testfahrer von Mercedes, der andauernd auf extremen Strecken unterwegs ist, um die Neuentwicklungen zur Serienreife zu bringen. Da wird ein Fahrzeug bewusst an seine Grenze gebracht, um die Reaktionen in schwierigen Situationen zu erproben. Alles mit dem einen Ziel, höchstmögliche Sicherheit für den späteren Fahrer zu bieten und Vertrauen zur Firma aufzubauen. Wenn Gott prüft, will er nichts anderes als das Beste aus uns herausholen. Ihm geht es um optimale Ergebnisse und die höchste Form der Liebe. Das Prüfen erforscht die Schwachstellen, die entwickelt werden müssen. Wer zur Vollkommenheit geführt wird, der muss ab und zu aus der Kurve fliegen. Wo Bremsen getestet werden, gibt es unweigerlich Blechschaden. Alle Crashs in unserem Leben dienen unserem Heil, dienen dazu, uns liebesfähig zu machen. Sie wollen eine Liebe formen, die Hass verwandelt. Sie wollen einen Glauben entwickeln, der erkennt, alle Dinge werden mir zum Besten dienen. Aus Anfechtung und Unglück will Hoffnung entstehen.

Wie sollten wir da auf die Idee kommen, das Leben sei ungerecht, mich hat es besonders hart erwischt. Alles was uns widerfährt sucht eine Antwort auf die Frage: Hast du mich lieb? Es geht um meine Antwort in meinem Beziehungsstress. Wie antworte ich als Verkündiger, wenn die Kirchen leerer werden? Wie antworte ich, wenn ich wirtschaftlich eng durch muss? Die Frage, liebst du mich, lässt keine Ausreden zu. Sie sucht keine Schuldigen für mein Elend, sondern fragt einzig mich. Das Ungemütliche, das, mit dem ich mich unendlich schwertue, fragt mich, hast du mich lieb?

Wie antworte ich auf diese Frage, die meine wunden Punkte entwickeln will?

Überführe die Zweifel

Ihr seid meine Zeugen, spricht der Herr. Jes 43,10

Zeugen sorgen für den AHA-Effekt, dass für jeden ersichtlich ist, was Sache ist. Sie dienen der Wahrheitsfindung. Ihre Aussage hat Gewicht, weil sie über Freispruch oder Verurteilung entscheidet. Der Augenzeuge hat eine Realität gesehen, wo andere im Dunkeln tappen. Wer in den Zeugenstand gerufen wird, dient in dem Augenblick einer Person oder einer Sache. Er distanziert sich komplett von eigenen Befindlichkeiten. Er ist nicht mehr sich selbst, sondern steht für Wahrheit, Recht und Klarheit.

Wenn Gott uns zu Zeugen ruft, ist das eine heiße Nummer. Er ruft uns nicht einmal, sondern vergibt einen Lebensauftrag. Ihr seid meine Zeugen, ist unsere Identität. Damit ist unwichtig, ob ich Bruder Theophilos oder Hans-Otto bin, ich bin Zeuge Gottes. Mit dieser Bestimmung bin ich definiert. Es ist Jacke wie Hose, was mich alles interessiert, ich bin Zeuge. Ich bezeuge, ich bin ein Kind dessen, der Himmel und Erde geschaffen hat und mich als Erbe gesetzt. Ich bezeuge, dass du Papas Liebling bist, der dir alles anvertraut, was ihm gehört. Dafür stehe ich, dass egal welche Böcke du geschossen hast, immer ein Vater auf dich wartet, die Arme ausstreckt und sagt: „Einmal Kind, immer Kind. Dieses Recht kann dir keiner streitig machen, weil du zeitlebens mein Kind bist."

Dieses Recht gilt es zu verteidigen. Diese Bestimmung gilt es zu bezeugen. Schon auf den ersten Seiten der Bibel war da einer, der diese Wahrheit streitig machen wollte: Sollte Gott gesagt haben? In dir steigen ständig Stimmen auf, die deine Gotteskindschaft anzweifeln. Du bist nicht gut genug, dass Gott dich uneingeschränkt lieben könnte. Du bist zu schwach, zu faul, nicht ernsthaft genug, um bei ihm Gefallen zu finden. Diese Kritiker brauchen klare Zeugen, den Verunsicherten die Wahrheit aufzutischen. Jesus Christus und der Geist, bezeugen unserem Geist, dass wir Gottes Kinder sind.

Was könnte sich befreien, wenn du heute diese klare Wahrheit bezeugst?

Glaube reißt Augen auf

Lass uns leben, so wollen wir deinen Namen anrufen. Ps 80,19

Lass uns leben, ist vielleicht der Ruf der jungen Mutter, die voller Freude monatelang auf den Tag zu gefiebert hat, an dem sie ihren neugeborenen Sohn in Händen hält. Sie hat seine Bewegungen gespürt, hat seine Herztöne gehört und war der glücklichste Mensch der Welt. Es ging auf das große Ereignis zu und plötzlich war alles still. Der Kleine war gegangen, bevor er gekommen ist. Statt Mutterglück blieb tiefer Schmerz. Lass uns leben, ist der Aufschrei, wenn der Boden vor den Füßen aufgeht und ein Winzling in einem Körbchen hineingesenkt wird. Lass uns leben ist ein Funke Glaube, wo alles sinnlos geworden ist. Die Kranzschleife bezeugt: „Aus Gottes Hand – in Gottes Hand". Es schwingt Dankbarkeit, über dem, was ich nicht verstehe. Lass uns leben ist, trotz dunkelster Nacht, der Glaube über sich selbst hinaus. Es ist dieser Glaube, der einem Blinden den Mut gibt, von Jesus das Unmögliche zu erwarten. Lass uns leben ist das unverschämte Vertrauen dort, wo es einem schwarz vor Augen ist. Der Blinde sah nicht nur blühende Landschaften, er hatte Gott erkannt.

Wie schnell sagen wir, ich glaube an Gott. Wie oft schon haben wir unser „ich glaube an den Schöpfer des Himmels und der Erden" gesprochen. Wie kraftvoll ist dieser Glaube, wenn wir unser Kind beerdigen müssen? Der Schrei nach Leben ist für die Sterbenden. Glaube ist für die Blinden. Glaube ist kein Bekenntnis, sondern das Vertrauen im Ausnahmezustand. Ist Hoffnung, wo es nichts zu hoffen gibt. Durch Glauben fängt Leben an, das eigentlich zu Ende geht. Glaube ist das trotzdem, das jetzt erst recht, wo wir an einer scheinbar unüberwindbaren Grenze stehen. Dann sehen wir etwas, was wir vorher nicht sehen konnten. Da entsteht Lobpreis.

Wen rufen wir an, wenn wir den Tod in Händen halten?

Atemberaubende Macht in uns

Er heißt Wunder-Rat, Gott-Held, Ewig-Vater, Friede-Fürst. Jes 9,5

Ein Meteorit fällt vom Himmel. Da kommt kein Geschoss, das die Welt in Stücke zerlegt, sondern ein Energiebündel, das in einer Krippe landet. Gott ist so sehr Schöpfer, dass er Menschen zu Erschaffern ihres Lebens macht. Mit Jesus Christus trifft er den wunden Punkt der Menschen. Sein kraftvolles ICH BIN verkörpert er auf der Erde. Diese Energiequelle fällt nicht willkürlich auf die Erde, sie will in mir einschlagen. Wo ein Wunder-Rat über mich kommt, schließen sich die Fragen meines Lebens auf. Mit dem ICH BIN Christus, der Gott-Held, erschließt sich mein ICH BIN. Ich bin Theophilos, in dem sich der Ewig-Vater verherrlichen will. Ich werde zu einem ewigen Kraftpaket, das Frieden schafft. Wir müssen diese vollmundigen Bilder auf uns wirken lassen. Spüren wir dem nach, was Christus in uns auslösen will. Da werden wir selbst zum Erschaffer einer neuen Welt. Christus polt unsere Einstellung zu uns selbst um. Durch ihn wird uns erst einmal klar, zu welch einem gewaltigen Auftrag wir unterwegs sind. Das was Christus ist, will sich in uns verwirklichen.

Wir sind umzingelt von bestem Rat. Wir können viel mehr erschaffen als wir je denken können. Wir ruhen in einer unerschütterlichen, ewigen Geborgenheit. Aller Unfrieden kann uns nicht aus den Angeln heben, weil wir unendlichen Frieden haben. Mit Christus lösen sich die Grenzen auf, die Menschen in ihren Köpfen erschaffen haben. In uns lebt ein völlig neuer Maßstab, der unser ICH BIN in die unendliche Größe stellt, zu der wir eigentlich gedacht sind. Wo diese gewaltige Energie in uns wirksam wird, kann uns nichts mehr aufhalten.

Wie darf sich diese wunderbare, atemberaubende Macht in uns entfalten?

Öffne dich geschmeidig

Ach Herr, strafe mich nicht in deinem Zorn und züchtige mich nicht in deinem Grimm! Ps 6,2

Typisch Mensch, der in dem Unheil, das ihn trifft, gleich eine Strafe Gottes sieht. Womit habe ich das verdient, dass mir ausgerechnet diese schreckliche Diagnose gestellt wird? Was habe ich verbockt, dass mir einer auf die Finger klopft? Der Mensch mit sich im Zwiespalt. – Dieses Gebet wurde erhört. Es wird dabei klar, dass bei erhörten Gebeten, sich nicht die Situation, sondern der Mensch in der Situation ändert.

Der Beter wirft sein ganzes Übel vor Gott und ist sich sicher, dass sein Jammern erhört wird. Der Schreck lässt nach. Darin liegt etwas ganz Gewaltiges. Die „Feinde" sind besiegt. Damit hat sich der Unglückszustand in Glück verwandelt. In der Gottesbegegnung wurde etwas im Menschen auf den Kopf gestellt. Dieser Eindruck – Gott straft mich gerade und haut mich ordentlich in die Pfanne – wurde total verwandelt. In dem Menschen ist eine neue Sichtweise, ein neuer Geist aufgegangen. Aus dem scheinbar über mir austickenden Gott ist in ihm ein gnädiger Gott geboren. Das was er kurz zuvor als Zorn angesehen hat, dient ihm zum Heil. Das Schreckliche hat seinen Schrecken verloren, weil ihm Gott größer wurde. Er hat womöglich den Sinn seiner Krankheit entdeckt.

Paulus spricht diese Verwandlung an: Gott hat uns nicht bestimmt zum Zorn, sondern um durch Christus die Seligkeit zu besitzen. Unter den Härten und Widerwärtigkeiten geschieht unsere Umwandlung in das Heilige, zu dem wir gedacht sind. Aus unseren Vorwürfen und Fehleinschätzungen soll eine geschmeidige Öffnung für den Geist geschehen, der eine neue Sicht auf die Dinge bewirken will. Wir sind himmlische Wesen, das will uns Schritt um Schritt aufgehen.

Was steht dieser genialen Verwandlung im Wege?

Wir haben das Zeug für große Stürme

Wo sind denn deine Götter, die du dir gemacht hast?
Lass sie aufstehen; lass sehen, ob sie dir helfen können in deiner Not! Jer 2,28

Was zählt, sind Ergebnisse. In der Krise zeigt sich der wahre Charakter. Wo die Wellen hoch schlagen, zeigt sich, woran wir glauben. Wo das Leben durch die Mangel gedreht wird, entscheidet sich, was wirklich trägt. Jeremia frotzelt über die Möchte-Gern-Großen, die so tun als ob, und beim kleinsten Wind umfallen wie ein Kartenhaus. Routinierte Fischer sind auf See unterwegs. Harte Jungs, die nicht so schnell etwas umhaut. Bei einem Sturm bekommen sie die volle Krise und haben nichts mehr im Griff. Wasser kommt ins Boot und sie sind machtlos. Sie wecken Jesus, der in aller Ruhe am anderen Ende schläft. Er bedroht den Wind und das Meer; und es war große Stille. Jeremia würde die Jünger fragen: Glaubt ihr, dass ihr mit menschlicher Kraft euch gegen Naturgewalten auflehnen könnt? Ihr seht doch, wie ausgeliefert ihr seid, bei all dem, was ihr könnt, wisst und auf euch selbst einbildet. Glaube hat eine ganz andere Dimension. Da geht es nicht ums Selbermachen, sondern um das Christus machen lassen. Die kosmischen Schwankungen im Leben brauchen einen Glauben, der nicht im Menschen, sondern in Gott verankert ist.

Egal auf was wir setzen und egal auf was wir in unserem Leben zählen, Stabilität und Sicherheit können wir uns selbst nicht erschaffen, die ist bereits da. Die liegt im Wort, die liegt in Christus, die liegt in der Ruhe, die er in uns erschaffen will. Wir kommen nicht im Äußeren zur Ruhe, sondern dort, wo Christus in uns zur Ruhe wird. Wo es in uns still wird, wird auch unser Äußeres still. In dieser Ruhe liegt die Kraft, all unseren Stürmen zu begegnen. Darin werden wir stabil und widerstandsfähig. Diesem Glauben ist alle Macht im Himmel und auf Erden gegeben.

Wir haben alles Zeug für große Stürme; wo greifen wir danach?

Rede dir keine Schuldgefühle ein

Verwirf mich nicht von deinem Angesicht,
und nimm deinen heiligen Geist nicht von mir. Ps 51,13

Nun herrscht Maskenpflicht. Uns wird beigebracht, wie gefährlich und unverantwortlich es ist, sich ungeschützt unter Menschen zu bewegen. Jemand hat eine Infektionsgefahr als extrem hoch eingestuft und alle müssen Mundschutz anlegen. Widersetzung wird bestraft. In die Köpfe von freien Menschen wird ein Programm installiert, das eigenverantwortliches Denken und Handeln untersagt. Man kann über diese Maßnahme denken, wie man will, doch hier passiert etwas sehr Entscheidendes. Auf einmal bekommen wir ein schlechtes Gewissen, wenn wir bei Aldi unsern Joghurt einkaufen und keine Maske tragen. Wir fühlen uns plötzlich schuldig, wenn wir als Verkäufer „unmaskiert" einem Kunden gegenübertreten.

Der König David fühlt sich schlecht. Er hat ein Programm im Kopf, das ihm ein schlechtes Gewissen macht. Nach der Affäre mit Bathseba kommt er sich miserabel vor und kann sich selbst nicht mehr leiden. Er steht unter dem Eindruck, ich habe Uriah umgebracht, damit habe ich es bei Gott vermasselt. Er redet sich ein: Ich bin nicht gut genug, ich bin ein schlechter Mensch, Gott will nichts mehr von mir wissen. Die Selbstanklage läuft wie ein Riesenrad ab. Mit seinem Drehwurm stellt er sich vor Gott. Er spricht etwas aus, was in Wirklichkeit gar nicht so ist. „Verwirf mich nicht, und nimm deinen Geist nicht von mir."

Es ist rein unsere Vorstellung die glaubt, wir seien nicht gut genug. Dabei hat uns Gott schon längst aus unserem Gedankenkarussell gerettet und in das Reich seines Sohnes versetzt. Durch Christus sind wir weder verworfen, noch brauchen wir uns schuldig zu fühlen. Durch diese Befreiung können sich alle ängstlich begrenzenden Programme in uns auflösen. Wo wir uns des Christus bewusst werden, wohnt Heiliger Geist in uns.

Wer hat noch die Macht, uns irgendwelche Schuldgefühle einzureden?

Jetzt erst recht

Das geknickte Rohr wird er nicht zerbrechen,
und den glimmenden Docht wird er nicht auslöschen. Jes 42,3

Wer in einer Gemeinschaft lebt, in der die Gründergeneration nach und nach ins Rentenalter kommt, und kein Nachwuchs in Sicht ist, steht in der Gefahr, sich in einer Depressionsschleife aufzulösen. Wenn man die Entwicklungen mancher Klöster betrachtet, die aus diesem Grund zusammengelegt oder gar aufgelöst werden müssen, schmeckt das Frühstück gallebitter. Schließlich müssen wir der Realität ins Auge schauen und das Schlimmste befürchten. Gott sieht das völlig anders.

Wer einmal still wird und in sich hineinhört, wird mit seinen ganzen Befürchtungen konfrontiert. Da steigt eine Stimme auf, die uns andauernd fertig macht: Du bist zu schwach, das schaffst du nicht, darin hast du keine Erfahrung, halte dich zurück, es funktioniert sowieso nicht, finde dich damit ab, dass nicht alles ein Happy End hat. Der glimmende Docht zelebriert sein Morgengebet. Der Befürchtungs-Mensch feiert seine Depression. In dieser alten Leier zündet Jesaja ein Licht an. Mensch Meier, wohin schaust du? Du siehst schwarz, wo du unter dem größten Flutlicht stehst. Da ist ein Gott, der reines Licht ist. Er hat gebündeltes Licht in eine Krippe gelegt. Überall ist unentwegt ein Lichtanzünder unterwegs. Den Schwarzmalern muss jetzt die Puste ausgehen.

Damit sind Befürchtungen eine heilbare Krankheit. In unsere Realität, dass alles am Ausgehen ist, kommt die Realität, die alles anmacht. Wo wir von Herrlichkeit umgeben sind, stehen wir unter der Verheißung, dass Leben herrlich wird. Die Antwort auf die Bedenken, die in uns aufsteigen, kann nur heißen: Jetzt erst recht! Diese Hoffnung löst die Bremsen, die unsere schlimmsten Befürchtungen angezogen haben.

Welcher Stimme in uns müssen wir viel mehr Licht schenken?

Überwinde – du kannst das

Auf Gott hoffe ich und fürchte mich nicht; was können mir Menschen tun? Ps 56,12

Irgendwo wünscht sich jeder, sein Leben in den Griff zu bekommen. Es wäre doch genial, wenn nicht jede Mücke einen aus der Bahn wirft. Doch da sind Menschen, die Leben schwer machen und Schläge, die entmutigen. Der Glaube zeigt, wie wir alles vermögen, durch einen, der mächtig macht.

Immer wieder meinen wir, im Leben könnten wir nichts verändern. Da sind so viele Beziehungen, marktpolitische Entwicklungen, menschliche und persönliche Probleme, denen wir machtlos ausgeliefert sind. Wir glauben, wenn die Leute mehr im Internet und in großen Einkaufszentren einkaufen als im Fachgeschäft, wir wären machtlos ausgesetzt. Doch Probleme liegen nie im Außen, sie liegen in uns. Oft suchen wir da draußen den Schuldigen für unsere Misere. Es ist der andere, der Staat mit seinen Gesetzen, das Wetter, das uns zu schaffen macht, doch der Psalmbeter lehrt uns etwas anderes. Unterliegen oder überwinden ist eine Glaubensfrage. Das was ich fürchte, das riesige Gespenst, das da vor einem steht, ändert sich dort, wo ich vom Starren auf das Problem, den Blick auf Gott richte. Das Umdrehen in der Furcht macht den Unterschied. Die Verwandlung des Problems geschieht in mir, wo ich meine Fühler gen Himmel ausstrecke. Auf Gott hoffen; da kehrt der Glaube um zu Gott.

Paulus lässt sich nicht von Schwierigkeiten beeindrucken: Ich vermag alles durch den, der mich mächtig macht. Da ist kein Funke von Überheblichkeit, sondern die Erkenntnis, dass die Lösung in mir liegt. Wir sind mächtig durch den Allmächtigen, der in uns stark werden will. Da ist der Christus, der den Tod überwunden hat, der in uns Überwinderkräfte freisetzen will. Wo sich der Glaube zu dieser Quelle kehrt, vertreibt Vollmacht die Angst.

Was hält uns zurück, diese Hoffnung zu greifen und damit zu überwinden?

Lass eine heilige Schwingung beben

Gott offenbart, was tief und verborgen ist. Dan 2,22

Die Hirnforschung sagt, auf 11 km Unterbewusstsein kommen 5 mm Bewusstsein. Oder die Quantenphysik lehrt, dass der Atomkern eines Atoms verschwindende 0,0001 % beträgt. Das ist der Teil, den wir als sichtbare Materie wahrnehmen. Der unvorstellbare, größere Anteil ist schwingende, unsichtbare Energie. Das meiste bleibt ein unerforschliches Geheimnis. Wir selbst sind in diesen Dimensionen wie ein Nichts.

Wenn wir aufstehen, duschen, Kaffee trinken, zur Arbeit fahren und den täglichen Verrichtungen nachgehen, kratzen wir nicht einmal am Lack des Universums. So wie sich unser aufgeregtes Dasein, Woche für Woche abspielt, reicht der Wind, den wir erzeugen nicht einmal um eine Kerze auszublasen. Wir existieren jedoch in einer Größe, die allen Forschungen verborgen bleibt. In Unendlichkeit kann man sich nicht hineindenken. Die Welt hinter unserer menschlichen Wahrnehmung muss offenbart werden. Ein grenzenloser Schöpfer lüftet dieses Geheimnis. Wenn 99,9999 % aus Energie besteht, ist das Schöpferenergie. Das Weltall ist proppenvoll mit Gottes Liebe. Diese Wucht steht unseren 5 mm Bewusstsein gegenüber.

Um für uns Menschen diese unglaubliche Liebe ein klein bisschen fassbar zu machen, gibt es Weihnachten. Die Krippe ist die Kontaktstelle, wo uns ein Stern den Weg über unseren Horizont hinaus bahnt. Jesus ist die Offenbarung der heiligen Unendlichkeit. Dadurch kann unser Nichts in eine Größe eindringen, die der Verstand nicht rafft. Sein Geist und mein Geist werden kurzgeschlossen, um ein viel größeres Geheimnis zu erschließen. Durch diese Offenbarung bekommt unser Nichts unendliche Tiefe.

Bleiben wir im unbedeutenden Kern unseres Atoms, oder lassen wir eine heilige Schwingung in uns beben?

Programmiere dich neu

Mache dich auf, werde licht; denn dein Licht kommt,
und die Herrlichkeit des Herrn geht auf über dir! Jes 60,1

Zwei Generationen babylonische Gefangenschaft sind eine fette Portion Frust. Das Selbstwertgefühl total im Eimer. An ein selbstbestimmtes Leben war mit keinem Hauch zu denken. Menschen haben sich recht und schlecht durchgeschlagen, innerlich müde und zermürbt und Jahrzehnte ohne Hoffnung. Solch ein gebeuteltes Volk erfährt den verrücktesten Umbruch seines Lebens.

Heute würde man sagen, das sind schwer traumatisierte Menschen, mit denen man behutsam die Vergangenheit aufarbeiten muss. Gott macht dagegen eine Rosskur. Nicht zimperlich zeigt er, wie er mit psychischen Altlasten umgeht. Zieh' einen Strich mit deiner Vergangenheit, hake ab, was du vierzig Jahre lang erlebt hast. Höre auf über verlorene Jahre zu wimmern. Mache dich auf, werde licht, ist göttliche Schocktherapie. Ab sofort zählt mein Licht. Alles andere kannst du vergessen. Ich bin Licht, ich bin Herrlichkeit, und dieses Licht lasse ich in Christus vor euch aufgehen. Vergiss jetzt, dass dir einmal alle Lichter ausgegangen sind, was bisher war spielt alles keine Rolle, jetzt wirst du zur Fackel für die Welt.

Das ist der entschlossene und radikale Umgang mit Altlasten und Finsternis. Jeder hat seine schwarzen Flecken, mit denen er schon ein Leben lang kämpft. Doch egal was aktuell oder aus der Vergangenheit niederdrückt, dies lässt sich von jetzt auf sofort umprogrammieren. Gehe mit deinem Geist entschlossen auf das Licht zu, greife nach Herrlichkeit, der vollkommenen Zukunft, die Gott in dir erschaffen will und ziehe sie mit voller Wucht in dein Leben. Diese gewaltig verändernde Macht ist uns in die Hände gegeben. Mache dich auf, werde licht.

Welche Altlasten will ich entsorgen und wo soll es licht werden?

Streicheleinheiten des Lebens

Der Herr denkt an uns und segnet uns. Ps 115,12

Gott denkt an mich, das ist doch der helle Wahnsinn. Das gleicht einer großen Liebeserklärung. Da ist einer, dem schwirren wir im Kopf herum. Tag und Nacht verschwendet er seine Energie, was wohl das Beste für uns ist. Da ist einer hochemotional auf uns ausgerichtet. Gedanken haben die Macht, sich zu verwirklichen. Gedanken sind der Anfang jeder Tat. Wir wissen, was gute oder schlechte Gedanken mit uns machen. Sie können uns Glücksgefühle verpassen oder schlaflose Nächte bereiten. Wenn Gott denkt, kommt Frieden in die Welt. Gedanken berühren tiefe Verletzungen, die heilen sollen. Da überlegt sich einer, wie bringe ich Leben in all das, was täglich in die Brüche geht. Wenn dieses Denken nicht da wäre, wären wir erbarmungslos unseren eigenen Gedanken ausgeliefert. Es wäre keine Stimme in uns, die zum Guten rät. Was uns aufbaut und Mut macht, ist dieses an uns Denken, das sich emotional in uns einpflanzt.

Wo ich an unsere eritreische Asylantin denke, kreisen meine Gedanken darüber, wie könnten wir ein Essen servieren, das ihr so richtig schmeckt, wenn sie mit unserer schwäbischen Küche ihre Probleme hat. Solch ein an jemand denken, setzt gewaltige Energien frei. Da ist die Liebe der Flügel der Phantasie. Da fließt Segen durch die Luft. Wo Gott an uns denkt, sind wir mit Segen vollgestopft. Da ziehen uns Gedanken himmelwärts. Egal wie viele Menschen wirklich an uns denken und es wohlwollend meinen, wenn der Herr an uns denkt, sind das die Streicheleinheiten des Lebens. Daraus fließt unsere Lebensbejahung und der Umgang mit dem unangenehmen Kleingedruckten unseres Lebens. Segen ist uns garantiert.

Wie sollte bei solch einem Liebhaber unser Leben ärmlich sein?

Heilige Wurzel, heilige Zweige

Was vom Hause Juda errettet und übrig geblieben ist, wird von Neuem nach unten Wurzeln schlagen und nach oben Frucht tragen 2. Kön 19,30

Was im Verborgenen zwischen Erde und Wurzel abgeht, spiegelt die Blume wieder. Die Sonnenblume hat Wurzeln, die bis zu 2 m in die Tiefe gehen. Das gibt ihr die Statik. Weinwurzeln schaffen sogar eine Tiefe bis zu 20 m. Wo die Wurzeln angefressen werden, oder durch zu viel Nässe zu faulen beginnen, kann es das Ende der Pflanze sein. Wurzeln sind Lebenselixier für alles was wachsen und Frucht bringen will. Das gebeutelte Gottesvolk erhält die starke Verheißung: Was in Gott gegründet ist, wird blühen und Früchte tragen, auch wenn Stürme Äste und Zweige abgerissen sind. Ein in Gott verwurzelter Mensch, hat die optimalen Wachstumsbedingungen. Da ist Statik für stürmische Zeiten, da ist reichlich Nährstoff für Durststrecken. Das ist Garantie für pralle Früchte unter schwierigsten Bedingungen. In diesen Bodenverhältnissen ist ein Ros' entsprungen, aus einer Wurzel zart. Da saugen die Wurzeln das Heil auf.

Ist die Wurzel heilig, so sind auch die Zweige heilig, sagt Paulus. Der Geranie sieht man von weitem an, wenn sie durch Düngermangel ein Jammerbild abgibt. In Sekundenbruchteilen erkennt man an uns, ob unsere Wurzeln kranken. An unserem Blühen und Früchte tragen, zeigen wir, wie heilig unsere Wurzeln sind. Heilige Zweige haben wir dort, wo wir unseren einzigartigen Standort haben. Die Sonnenblume gedeiht nun mal nicht im Moorboden. Heilige Zweige entstehen, wo ich für mein Leben genau den richtigen Standort finde, wo ich meine einzigartige Gabe entdecke, für die ich in dieser Welt geschaffen bin. Für jedes Leben gibt es einen optimalen Standort. Dort treiben wir heilige Zweige.

Welcher Boden ist für uns der Richtige, um beste Früchte zu tragen?

Zieh die Anklage zurück

Gott tut große Dinge, die nicht zu erforschen, und Wunder, die nicht zu zählen sind. Hiob 9,10

Wir fürchten Hiobsbotschaften. Ich durfte einmal einer Frau einen Geburtstagsstrauß ausliefern. Wer mich unter der Haustüre erwartete, waren Ehemann und Polizei. Ja, die Blumen waren zum Geburtstag gedacht, jedoch konnte man sie nur noch aufs Grab stellen. Die Frau hatte sich wegen Schwermut vor den Zug geworfen. Wenn dann solch ein Mann die Hände zum Himmel reißt und wie Hiob schreit: „Womit habe ich das verdient?" ist das nur verständlich. Jeder kennt die Fragen, die uns zermahlen: Warum passiert das ausgerechnet mir? Warum lässt Gott das zu? Als sein Leben in Einzelteilen vor ihm liegt, findet Hiob seinen Weg.

Ganz schnell zieht er seine Anklage und seine Vorwürfe zurück und sagt sich: Wer bin ich denn? Gott hat doch gesagt, ich bin dir treu, ich verlasse dich nicht, ich werde mich dir immer zuwenden. Das ist die Wahrheit, die über meinem Leben steht. Wenn das, was Gott sagt wahr ist, dann muss das was ich sage Irrtum sein. Mensch, Meier, ich versuche gerade Gott in mein Schema zu pressen. Gott ist doch viel größer, als ich denken kann. Mein Gehirn ist doch viel zu klein, um Unendlichkeit zu erfassen. Was habe ich nur für einen Glauben, der Unerforschliches verstehen will? Nach und nach staunt er, dass es bei allen Schlägen, die ihm das Leben versetzt, hinter dem Sterben ein Auferstehen gibt. Was in Gott ruht ist nicht auszulöschen. Oder wie Jesus es sagte: Der Same, den der Bauer ausstreut wird wachsen, auch bei Nacht, wenn er schläft und nicht weiß, wie das geschieht.

Gerade wenn dir das Leben die Kehle zuschnürt, gilt es, Herz und Seele offen zu halten und ins Staunen zu kommen, über dem Unbegreiflichen. Gottes Wunder wachsen in abgebrannten Häusern.

Was könnte wachsen, wenn du nicht das Leben verklagst?

Ziehe die Lehre aus deinem Los

Warum gibt Gott dem Leidenden Licht und Leben denen, die verbittert sind –, die sich sehnen nach dem Tod, doch er kommt nicht? Hiob 3,20-21

Das Leben ist oft voller krasser Gegensätze. Eigentlich ist Hiob fix und fertig, mit dem, was er alles durch hat. Familie weg, Haus und Hof weg und er selbst krank. Ihn verreißt die Tatsache, dass er eigentlich nicht mehr will, und da doch ein Wollen in ihm drin ist, das er nicht erklären kann. Irgendetwas will leben, wo er nur noch sterben möchte. Da zieht mitten im Untergang ein anderer die Fäden. Für mich war es die aufwühlende und umwerfende Erfahrung der vergangenen Tage, den roten Faden meines Lebens zu entdecken. In der Kindheit, durch eine schwere Krankheit, fast ein Jahr von meiner Familie getrennt. Mit 19 die spektakuläre Berufung ins Kloster. Später verlor ich vier Finger an der rechten Hand. Eine verkrachte Beziehung kostete schier den Bruch mit meiner Gemeinschaft. Der Großbrand stellte Hab und Gut auf null. Geschäftliche Herausforderungen rauben den letzten Nerv. Da steht man schnell an dem Punkt, an dem man sagt: Lieber Gott, was hast du dir denn dabei gedacht?

Doch im Zusammenhang erkennt man eine Führung, die einem die Sprache verschlägt. Jeder Meilenstein, jeder Schicksalsschlag hatte eine Bedeutung. Diesen Meilensteinen vergab ich Namen und hielt fest, was dadurch an Glaube und persönlichem Wachstum geschehen ist. Alles was passiert ist, unter dem ich schier verrückt geworden bin, war die Handschrift eines großen Meisters. Mir standen Dankbarkeit, Fassungslosigkeit und Tränen in den Augen, als ich das erkannte. Der rote Faden heißt: Charmeur Gottes, der Menschen in Krisen ermutigt. Diese Meilenstein-Reflektion kann ich jedem nur empfehlen. An Jesus sehen wir, er hat selbst gelitten und ist versucht worden, daher kann er denen helfen, die versucht werden. Alles Sterben dient dem eigentlichen Leben und Heil.

Klagen wir über unser Los, oder sind wir bereit die Lehre daraus zu ziehen?

Edle Früchte tragen

Die Furcht des Herrn ist Unterweisung zur Weisheit. Spr 15,33

Weisheit entsteht nicht durch lernen, sondern wenn wir anfangen, das Wesen der Liebe zu schauen. Im Gegensatz zu allem Wissen, das uns informiert und klug macht, erkennt Weisheit die Wirklichkeit. Wir erkennen die Welt Gottes, die sich uns offenbart. Im Traum sieht Jakob auf der Himmelsleiter Engel auf und absteigen. Er erkennt, da wo ich bin ist das Haus Gottes. Er erlangt eine Weisheit, der das Handeln Gottes vorausgeht. Weisheit entsteht in den „Magic Moments" unseres Lebens. Es sind heilige Stunden, die sich in uns verewigen. In die Weisheit können wir nicht von uns aus eindringen, da dringt Gott in uns ein. In der Weisheit feiern wir nicht unsere Erfahrung, sondern erfahren, wie sich Schmerz in Lobpreis verwandelt. Weisheit geschieht dort, wo sich in uns die Verhältnisse umdrehen. Es geht nicht unsere Last von der Erde hinauf in den Himmel, sondern Christus kommt vom Himmel in die Last der Erde.

Der Glaube führt uns zu dieser Form der menschlichen Reife. Wir erkennen, wie sich Gott in allen Phasen unseres Lebens zu erkennen gibt. Die Ehrfurcht vor Gott öffnet uns die Türe, dass wir in der bittersten Krise heilige Spuren erkennen. In Weisheit verdamme ich nicht mein Schicksal, sondern lass es mir zur Reife dienen. In der Ehrfurcht vor Gott, lasse ich nicht die Wut in mir aufbäumen über der stressigen Beziehung zu meinem Partner, sondern lasse mich zu einer reifen Handlung der Liebe transformieren. Warum nicht einem unverschämten, launischen Kunden, der eigentlich eine schnippische Gegenreaktion provoziert, feierlich eine Rose überreichen? Diese Antwort käme von ganz anderem Niveau, die eher Verwunderung auslöst und mehr diesen Miesepeter hochzieht, als uns nach unten. Weisheit ist eine von der Liebe verwandelte Handlung.

Wo erschließen wir uns dieser Weisheit, dass wir edle Früchte tragen?

Rückrufaktionen sind gut

Ich will euch heimsuchen, spricht der HERR, nach der Frucht eures Tuns. Jer 21,14

Zunächst löst heimsuchen volle Beklemmungen in uns aus, weil wir sofort an Naturkatastrophen denken. Gott versetzt ins Unglück, wobei bei genauem Betrachten, wir selbst das Unglück auslösen. Von Gott losgelöst, führt in die Katastrophe. Da gelten keine Gesetze. Unrecht ist Tor und Tür geöffnet. So die Lage zur Zeit Jeremias, wo im alten Israel das Recht der Willkür ausgeliefert war. Die schlimmste Heimsuchung Gottes ist dort, wo er Menschen sich selbst überlässt. Doch daher hat heimsuchen eine ganz starke zweite Seite. Gott muss Menschen mit Gnade heimsuchen. Die Tat Christi ist sein Widerspruch zu all unserem Tun. Heimsuchung hat das Ergebnis, dass kein Mensch Opfer seiner Taten bleiben muss. Er kann in Christus fruchtbar werden. Damit ist keiner sich selbst ausgeliefert oder dem Übel, das über ihn herein bricht, sondern ist heimgesucht von der Kraft von oben, die edle Früchte bringt.

Wo Gott heimsucht, geschieht die eigentliche Wende in uns. Damit beginnt geistliche Produktivität. Es werden die Gaben des Geistes, Liebe, Freude, Friede und so weiter aktiviert, dass Leben zum Segen wird. Unser Tun wird zur heiligen Handlung. Mit unserer Arbeit multipliziert sich die Gnade. Wir selbst suchen dann die Welt mit Freundlichkeit, Vergebung und Erbarmen heim. Um segensreiche Ergebnisse zu liefern, muss Gott heimsuchen. Es braucht die Prüfungen, damit es bei uns klick macht. Wenn wir heimgesucht werden, sucht uns Gott auf. Er will unsere Taten zu Wohltaten machen. Darum lasst uns Gutes tun und nicht müde werden, dann werden wir ernten, sagt Paulus.

Können wir Heimsuchen als Rückrufaktion Gottes erkennen?

Hyperventiliere nicht

Wenn der Herr nicht die Stadt behütet, so wacht der Wächter umsonst. Ps 127,1

Dettingen, am Fuße der schwäbischen Alb, ist nicht zuletzt bekannt für seine Streuobstwiesen, mit ausgesprochen vielen Kirschen. Ein Lehrpfad in den Kirschenanlagen zeigt den Stolz der Gemeinde. Unwahrscheinlich viel Mühe steckt man in die süßen, kleinen, roten Früchte. Doch Mitte April zittert man jede Nacht, ob ein eisiger Frost der malerischen Baumblüte ein jähes Ende setzt und alle Mühe für ein Jahr zunichtemacht.

Unsere Sicherheitssysteme werden immer ausgefeilter. Hier noch eine Einbruchsicherung, an den Autos eine Selbstbremseinrichtung, wenn man dem Vordermann zu nahe auf die Pelle rückt. Selbst das Kloster ist ein Hochsicherheitstrakt, bei dem man die Rauchmelder ausschalten muss, wenn zum Lobpreis der Weihrauch aufsteigen soll. Wir wollen Optimum erreichen und Übel ausschließen. Doch selbst bei gutem Virenschutz auf dem Rechner kann ein Totenkopf auf dem Bildschirm aufblinken, wenn man nur eine Bewerbung anklickt. In all unseren Sicherheitssystemen bleibt eine Lücke, die wir nie schließen können. Wir können alles bedenken und alles einsetzen, doch eine Nacht mit Frost lässt Blüten braun werden. Absolute Sicherheit liegt eine Etage höher.

Welch ein Vergnügen, dass ich mit Freuden arbeiten kann und alles geben, und was darauf folgt, liegt in allerhöchster Verantwortung. Ertrag und Sicherheit liegen bei dem, der minutiös weiß, was ich bedarf. Wenn der Frost kommt und der Ertrag ausfällt, steht alles unter der Verheißung: Es wird nie aufhören Saat und Ernte. Wo Gott sorgt, haben wir ausgesorgt. Wir brauchen nicht hyperventilieren, wenn eine Katastrophe am Horizont steht. Gott bringt seine Schiffe auch bei Sturm in den Hafen.

Wo können wir Überfürsorge in Glauben und Vertrauen eintauschen?

Erschaffe Unglaubliches

Der Herr, dein Gott, hat dich gesegnet in allen Werken deiner Hände. 5. Mose 2,7

Es war einmal ein Müller, der behauptete vor dem König, er habe eine Tochter, die könne Stroh zu Gold spinnen. Der König ließ sie kommen, setzte sie in eine Kammer voll Stroh und sagte: Du hast diese Nacht Zeit, bis morgen früh, deine Kunst zu zeigen, sonst wirst du sterben. Das wiederholte sich drei Nächte, in denen jedes Mal ein kleines Männchen kam, das der verzweifelten Müllerstochter diese Aufgabe abnahm und das Stroh zu Gold verwandelte. Sie gab ihm ihr Halsband, ihren Ring und beim dritten Mal das Versprechen, ihm ihr erstes Kind zu geben, wenn sie Königin geworden ist. Wir kennen sicher, wie dieses Märchen ausgegangen ist, und dass sie den Namen des Männchens herausbekommen musste, um ihr Kind zu retten, – Rumpelstilzchen.

Was kein Märchen ist, jedoch das gleiche Ergebnis hervorbringt, sind von Gott gesegnete Menschen. Unter ihren Händen wird Stroh zu Gold. Segen ist eine Verwandlungs- und Vermehrungskraft. Die Energieentladungen Gottes wirken durch natürliche Hände. Zu einer Zeit, in der eine Frau schon lange keine Kinder mehr bekommen konnte, empfing der alte Vater Abraham die Verheißung, dass er Nachkommen erhalten wird, so zahlreich wie die Sterne am Himmel. Segen ist eine Macht, die menschliche Maßstäbe außer Kraft setzt. Da fließt ein Geheimnis zu, das unberechenbar ist. In diese vermehrende Fülle sind wir eingehüllt.

Im Glauben geht es nicht um unsere Erfahrung und das was wir uns vorstellen können. Glaube heißt, einfach dem Ruf zu folgen und alles für möglich zu halten. Wir sind in ein Bewusstsein gestellt, das Stroh zu Gold spinnen kann. Wo wir menschlich kalkulieren, betrügen wir uns und die Welt um den Segen der fließen will.

Zu was brechen wir auf, wenn wir das glauben würden?

Was groß werden soll, tut weh

Gott tut große Dinge, die wir nicht mehr begreifen. Hiob 37,5

Das sagt ein Mann, der seine Wut nur noch zum Himmel schreien könnte. Normal wäre Hiob an dem Punkt, an dem er Gott den Laufpass geben würde und seinen Glauben an den Nagel hängen. Wenn man seine Kinder verliert, die ganze Existenz ruiniert ist und man immer noch Gott mit Komplimenten überschüttet, gibt es ein Geheimnis, das keiner kapiert.

Wir haben ein Problem, wenn's unten durch geht. Auf dem Abstellgleis des Lebens angekommen zu sein, fühlt sich einfach nicht gut an. Ruckzuck ein paar Pillen einnehmen, dass es nicht mehr so weh tut und der Schmerz nachlässt. Hiob wehrt sich nicht, er lässt größtes Leid zu. Er wird eins mit seinem inneren und äußeren Schmerz. Als Schmerzensmann liegt er erschlagen Gott zu Füßen. Es ist wie das Erleben des eigenen Sterbens, das in der absoluten Gottesgegenwart geschieht. In seiner dunkelsten Stunde ist er dem Heiligsten am nächsten. Er verschmilzt mit dem leidenden Gott. Es ist die Stunde des Kreuzes Christi, die zum Auftakt von Erlösung wurde. Das Alte musste sterben, damit Neues auferstehen konnte.

Ohne das größte Leid gäbe es keine Auferstehung. Ohne das Samenkorn, das in der Erde verfault, gäbe es keine Ähre, keine Frucht, kein Brot. Am schrecklichsten Punkt seiner Verzweiflung erkennt Hiob das größte Geheimnis des Lebens. Dort wo das Alte stirbt, beginnt das Unfassbare, das viel Größere, das Gott in uns erschaffen will. Die Bibel spricht oft von Umkehr, von Umdenken. Beim Umkehren trennen wir uns vom dem, was wir bisher als richtig gesehen haben. Doch wenn Gott etwas Neues beginnen will, dann muss das Alte weg. Das tut immer bitter weh und raubt den Verstand. Doch nur so entsteht das Gewaltige, das Gott in Menschen werden lässt. Alles dient der Vergrößerung Gottes in uns.

Warum glauben wir, dass sich das Heilige schmerzfrei entwickeln soll?

Mach es mit Mentor

Einem König hilft nicht seine große Macht;
ein Held kann sich nicht retten durch seine große Kraft. Ps 33,16

Fasziniert schauen wir auf Menschen, bei denen die Augen funkeln und die Energie nur so sprüht. Ja, wir wollen glauben können, wie Abraham, und fest stehen wie Luther. Doch bei aller Entschlossenheit, grätscht das Ungemütliche des Lebens dazwischen. Uns geht die Luft aus, wenn wir Großes wollen und an unseren eigenen Grenzen scheitern. Genau hier gibt Gott einen Rettungsplan: „Meine Kraft trotzt deinen Schwierigkeiten."

Große Macht geht nicht von der Erde aus, sie liegt im Schöpfer selbst. Der Mensch kann von sich aus gar nicht alles im Griff haben, weil ein ganz anderer die Fäden zieht. Die Geschichte unseres Lebens wird nicht auf der Erde geschrieben. Schöpfung geschieht aus dem Unendlichen und ist für die Ewigkeit geschaffen. Darin liegt alle Macht im Himmel und auf Erden. Was sich von dieser Macht löst, geht unter. Der Rat des Gamaliel sagt: Ist eine Sache von Gott, wird sie leben, ist sie nicht von Gott, wird sie sterben. Macht ohne Gott ist Ohnmacht. Alles was uns mächtig erscheint ist eine Strohpuppe. Der mächtige Herodes hat es nicht geschafft, bei allen Neugeborenen, die er umbringen ließ, dass er Jesus ausgelöscht hat. Die eigentliche Macht lag oben. Die sagte zu Josef im Traum: Nimm das Kind und seine Mutter und zieh in euer Land zurück.

Der Mensch wird dann stark, wenn seine Kraft von dem kommt, der Totes zum Leben erweckt. Rettung liegt einzig darin, dass dort, wo uns das Leben den Hahn abdreht, wir mit dem Retter zusammengeschweißt sind. Kraft kommt dort, wo der Christus in uns mächtig wird. Um in Krisen und Anfechtungen, in Unterdrückung und Zweifeln nicht umzukommen, brauchen wir einen himmlischen Mentor.

Woher soll aus uns die Macht kommen, dem Übel zu trotzen?

Übe danken

Ich danke dem Herrn von ganzem Herzen und erzähle alle deine Wunder. Ps 9,2

Der Sommer fließt durch das Land. Die ersten Mähdrescher schwelgen über die Felder und füllen sich mit Korn. Bäche und Flüsse drängen unentwegt ihren Lauf zum Meer hin. Die Katze schmust mit dem Bernhardiner, der ihr Kuscheln geduldig erträgt. Kinder lachen beim Spiel und lecken freudig an einer Waffel voll Eis. Ein ideales Gemisch umspannt den blauen Planeten, das jeden Atemzug belebt. Leben ist an allen Ecken und Enden in liebevolle Fürsorge gehüllt. Ein Wunder, morgens mit den Beinen den Boden zu berühren und die Kraft zu spüren, die aufstehen lässt. Doch selbst in einer Bruderschaft leben Herzen, die vom ersten Atemzug mit Nörgeln aus ihren Federn aufsteigen. Es fällt kein Regen, die Arbeit ist so viel, das Miteinander so belastet, der andere so blöd. Ohne dass sie es merken, erschaffen sie sich damit einen belasteten Tag.

Dem Herrn von ganzem Herzen danken ist eine durchschlagende Schleuderwende. Mit der Dankbarkeit gibst du deinen Augen andere Bilder. Deine Bilder prägen dein Denken und damit deine Handlungen. Wenn du dir die Wunder Gottes vor Augen malst, wird dein Leben zum Wunder. Im Dank ziehst du Wunder in deine Gegenwart. Dankbarkeit ist keine billige Lebenseinstellung, mit der du unerträgliche Realitäten an der Nase herumführst, sondern du erschaffst neue Realität. Die Dankbarkeit zieht die Gaben Gottes an. Du ergreifst die Wirklichkeit Gottes und machst sie zu deiner. Wo du dich an Fruchtbarkeit klammerst, wirst du fruchtbar.

Dankbarkeit ist eine sportliche Übung. „Seid dankbar in allen Dingen“, ist ein Augentraining. Damit trainierst du deinen Fokus. Du trainierst damit, was Macht über dich bekommt. Wenn du auf Mangel schaust, wirst du Mangel ernten. Mit dem Dank fließen die Gaben Gottes in den Mangel.

An welchem Punkt willst du Danken üben, für eine neue Wirklichkeit?

Sauge das Wort auf

Warum hast du denn das Wort des Herrn verachtet, dass du getan hast, was ihm missfiel? 2. Sam 12,9

Warum hast du unseren Meriva mit Super getankt, wenn er doch mit Diesel fährt? Diese peinliche Frage stellte unser „Auto-Bruder" einem Mitbruder, der mit seinem Fahrzeug auf der Strecke liegen blieb. Mit viel Aufwand wurde der Sprit abgesaugt, die Leitungswege gereinigt, doch langfristig hat er sich nicht mehr von diesem Tank-Schock erholt, so dass wir ihn abstoßen mussten. Die gleiche Tragik legt Samuel auf den Tisch. Wo ein Mensch nicht mehr mit dem Wort betankt wird, kollabiert der Motor.

Das Wort verachten sorgt für Betriebsstörungen. Es gibt Bedingungen, die absolut aufeinander bezogen sind. Mensch ohne Wort, ist ein Fahrzeug ohne Sprit. Es reicht zu einer Seifenkiste, die noch bergab läuft, jedoch nicht auf der Ebene, oder überhaupt nicht den Berg hinauffährt. Das Wort verachten ist totaler Energieverlust. Da ist der Mensch eine halbe Portion. Er wird durch Verachten zu einem unbrauchbaren Nichts. Wort und Mensch gehören unmittelbar zusammen, weil wir sonst im Schatten unserer Tage untergehen. In dem Wort liegt die Macht, die Himmel und Erde erschaffen hat. Das Wort formuliert einen Gedanken Gottes aus, der zur Materie wird. Ein Wort hat die Kraft Berge zu versetzen. Da schwingt so viel Energie durch die Luft, dass Tote lebendig werden. Das Wort ist die Anwesenheit des Christus in dieser Welt. Da wirkt Ewiges im Irdischen.

Hierin liegt die Antwort, wo wir kraft- und saftlos geworden sind. Die Zweifel, die vielen offenen Fragen, die uns quälen brauchen saftiges Wort. Wir brauchen nicht alle Fragen krampfhaft selber beantworten wollen, wenn die Antwort in dem Wort liegt, das zu uns sprechen will. Das Wort wartet nur darauf, dass es seine ganze Kraft in uns entfalten kann.

Wo muss ich das Wort viel mehr aufsaugen, um Antworten zu bekommen?

In Charme-Offensive

Herr, du erforschest mich und kennest mich. Ich sitze oder stehe auf, so weißt du es; du verstehst meine Gedanken von ferne. Ps 139,1-2

Wenn man durch die Outlet-City Metzingen geht, sieht man Menschen aus aller Welt. Mit brauner Papiertüte voller Kleider, verschlossen mit einem roten Klebestreifen, sind sie am „point of sale“. Voll im Trend pilgern sie durch Einkaufsmeilen. Sie sind modebewusst, somit voll in. Sie sind in dem, was „up to date“ ist, fühlen sich anerkannt und in die Gesellschaft integriert. Mitten drin, sind Sie keine Außenseiter, sind in dem, was moderne Menschen ausmacht. Ein starkes Gefühl, das Selbstwert aufbaut.

Wir sind voll in. Wir sind in Gott. Leben außerhalb seiner Wirkung gibt es nicht. Er ist Atmosphäre, in der wir eingehüllt atmen. Selbst der gottloseste Atheist lebt in Gott. Dasein ist nicht von Gott trennbar. Er gab den ersten Herzschlag und nimmt den letzten Atemzug. Ob wir wollen oder nicht, wir sind in Gott. Ewige Welt will im Leben sein. Sie will sich in uns entfalten, will uns über uns hinaustragen, will erweitern und erfüllen. Das in-Gott-Sein ist unsere Standortbestimmung, unser Zuhause. Damit will Gott uns zu Menschen machen, zum Spiegelbild seiner selbst.

Keine Situation, kein Ereignis, keine Freude und keine Tragödie spielen sich außerhalb von Gott ab. Gott ist in unserem Leben voll am Punkt. Was von ihm ausgeht bestimmt alle Welt. Wo er uns erforscht und kennt, weiß der größte Gabenentwickler, welches Potenzial in uns steckt. Er holt das Beste aus uns heraus. Er macht uns zum segensreichsten Menschen, der wir je sein können. Alle Prozesse des Lebens dienen dem in-Gott-Aufleben. Wir leben in Gott, und somit will er alles in uns mit sich in Beziehung setzen.

Setzen wir Höhen und Tiefen mit dieser Charme-Offensive in Beziehung?

Höre die Stimme

Siehe, wer halsstarrig ist, der wird keine Ruhe in seinem Herzen haben, der Gerechte aber wird durch seinen Glauben leben. Hab 2,4

Irgendwo sehnt sich jeder nach tiefem inneren Frieden, wo er mit seinem Leben stimmig ist. Da passt alles und wir wissen, jetzt bin ich mit mir und meinem Leben im Reinen. Es ist dort, wo ich im Einklang mit Gott und mir selbst bin. Ruhe stellt sich dort ein, wo ich die Antwort darauf gefunden habe, wozu ich geschaffen worden bin und für welche Aufgaben meine Gaben sind. Sie entsteht, wo ich in mich hineingehe, um der Stimme zu lauschen, die mit mir reden will. Der Ruhepol liegt in uns. Genau dort, wo Gott unsere Unruhe trifft. Da wartet einer, dass wir dort hinkommen, wo wir unseren Frieden finden. Wir kommen nicht dort zur Ruhe, wo wir uns den äußeren Trubel wegwünschen, sondern dort, wo wir in unseren Umtrieben den Weg zu uns gehen. Da wartet Gottesbegegnung, da wartet der, der gerecht macht, der uns mit unserem Lebensdrama versöhnt. Ruhe ist nach Hause kommen.

Das größte Problem mit unserer Unruhe liegt nicht im Außen. Es sind nicht die Dinge, die uns in Schach halten. Wir selbst sind das Problem der Unruhe. Halsstarrig zeigt einen unbelehrbaren Dickkopf, der sich gegen diese Reise nach innen wehrt. Kratzbürstig lehnt sich in uns etwas auf, auf diese Stimme zu hören. Verbissen gehen wir Dingen nach, in die wir gestellt sind. Trotzig halten wir es für unvernünftig, einmal die Frage zuzulassen: Bin ich mit dem was ich mache, auf dem richtigen Weg? Wir erhöhen das Tempo, zählen Sekunden und Minuten und vergeuden vielleicht Jahre, weil wir nicht die Frage nach der Richtung stellen. Es ist eine Ruhe vorhanden, für die, die bereit sind auf die Stimme zu hören.

Sind wir zu störrisch, sind wir zu unbeweglich, um den Glauben zu wagen, dass in uns ein Gottesgeheimnis liegt, das uns zur Ruhe bringen will?

Verlust macht reich

Mein Gott, mein Gott, warum hast du mich verlassen?
Ich schreie, aber meine Hilfe ist ferne. Ps 22,2

WhatsApp eines Mannes an seine Frau: Willst du mich verlassen? Der Chef an einen wichtigen Mitarbeiter: Was, sie wollen uns verlassen? Wo diese Frage gestellt wird, ist die Sorge groß. Da sieht man bereits von weitem Häuser einstürzen. Da ist absolute Weltuntergangsstimmung. Da sieht man nur noch schwarz. Man stürzt in eine emotionale Krise, bei der man schnell unter den Eindruck kommt, der andere will mir übel.

Was bei dem Psalmbeter erstaunend ist, er klagt nicht nur sein Verlustgefühl heraus, er adressiert es. Er schmeißt es Gott vor die Füße. Er tickt in seiner Nacht nicht aus und macht sich zum Psychokrüppel, sondern macht seine Krise zum Gebet. Er glaubt auch dann noch an den versprochenen Bund, wo er nichts mehr davon sieht. Er hält an Gott fest, gegen alle erdrückenden Gefühle. Jesus hat genau dieses Gebet in seinen letzten Stunden am Kreuz in den Himmel geschleudert. Er ist durch die Hölle gegangen und hat damit den Auferstehungsweg in die Welt gebracht. Die größte Verlassenheit wird zur Geburtsstunde ewigen Lebens. Wo die ganze äußere Welt zusammenbricht, fängt Gottes Welt an aufzuleuchten. Alles um uns herum muss uns erst verlassen, um die eigentliche Gottesgegenwart zu erfahren.

In den Schuttbergen unserer abgebrannten Kirche machten wir genau diese Erfahrung. Wo wir uns von Gott und der Welt verlassen fühlten, erkannten wir, dass wir nicht aus dem leben, was wir im Äußeren haben, sondern in dem, was wir selbst in Gott sind. Der große Verlust war ein Erlösungserlebnis. Wo alles andere weg ist, konzentriert sich alles auf die Gottesbeziehung, die alles in allem ist.

Wo nimmt uns Gott etwas, dass wir viel näher an sein Herz rücken?

Wir können alles ertragen

Als die drei Freunde Hiobs all das Unglück hörten, das über ihn gekommen war,
kamen sie und saßen mit ihm auf der Erde sieben Tage und sieben Nächte
und redeten nichts mit ihm; denn sie sahen, dass der Schmerz sehr groß war. Hiob 2,11-13

Bei Hiob sind die Fetzen geflogen. Äußerlich und innerlich zerbrochen will er nur noch seine Ruhe haben. Er hat sich selbst noch und sonst nichts mehr. Trauer total. Er wünscht sich nichts anderes als Hände, die ihn im freien Fall auffangen. Dabei begegnet er der stärksten Statik, die das Universum zusammenhält. Tragende Stille gibt ihm den Glauben wieder.

Krieg kann nicht schlimmer sein, als was Hiob durch hat. Mit reichlich Ländereien und stattlicher Viehzucht, hat er mitsamt seiner Familie alles verloren. Sinnlosigkeit pur. Schmerz, der alle Adern beben lässt. Was soll das, Gott? Da bleibt nur der Strick. Doch da geschieht Einzigartiges. Starke Seile werden miteinander verknüpft, um schwerste Lasten abzufangen. Drei Freunde werden zur stillen Kraft. Das ist Reich-Gottes-Statik. Hier fängt die schweigende Liebe an, sich der Belastungsprobe des Lebens zu stellen. Kein Wort, keine Geste, kein tröstendes Mitseufzen, nur stilles Aushalten von Schmerz. Diese Form von Erbarmen umhüllt alle Sprachlosigkeit. Wortlos ruht die Erde in den Händen dessen, der selbst unsägliches Leid erlitten hat. Die Liebe trägt das Sterben wieder zum Leben.

Die Liebe trägt alles, heißt es in 1. Kor. 13. Damit geht eine hochemotionale Kraft in Vorleistung. Was das Leben wirklich trägt, sind nicht das gute Zureden oder Überschütten mit besten Ratschlägen, sondern die Zuneigung im Unglück. Mittragen, wo nichts mehr stimmt. Das ist Gottes Art, Leben zu erhalten. Wo die unendliche Liebe einen ergreift, fängt Leben wieder an aufzuatmen.

Können wir lieben und alles ertragen, weil wir getragen sind?

Fokussierung macht's

Das ist meine Freude, dass ich mich zu Gott halte und meine Zuversicht setze auf Gott den Herrn, dass ich verkündige all dein Tun. Ps 73,28

Hier verkündigt einer, der voll aus dem Häuschen ist. Er sprudelt nur noch so, über dem was er von Gott sieht. In allem was ist, erkennt er Spuren Gottes. Mag ihm das Leben noch so übel mitspielen, mögen Engpässe und Unglücke über ihn hereinbrechen, er erkennt darin das schaffende Wort. Nichts, aber auch gar nichts ist so schrecklich, dass wir Gott darin nicht wirken sehen könnten. Es zuckt hoch und der Mund kann nicht mehr still sein. Solch ein Mensch hat eine grundsätzlich andere Sichtweise auf die Dinge. Er definiert sich nicht über Schwierigkeiten, über all dem, was nicht funktioniert, oder wie sich Menschen gegenseitig zu schaffen machen, er hält sich an Gott. Zuversicht ist eine magische Sicht, die das Göttliche aus jeder Situation herauspickt. Es ist der konzentrierte Adlerblick, der alles Ablenkende ausblendet. Zuversicht ist der Tunnelblick, der sich nicht auf die schwarze Röhre fokussiert, sondern auf das kleine Licht am Ende. Da entsteht Sog, der durch alle Nacht zieht. Mit solchem Blick entsteht die Freude, die unbeirrt an schwarzen Wänden vorbeirauscht.

Unsere Zuversicht ist oft die Zeitung. Wir ballern uns zu, mit dem ganzen Müll unserer Alltäglichkeiten. Wir verreißen uns das Maul über den unbelehrbaren Mitbruder und wundern uns, dass wir keine Freude mehr haben. Alles um uns herum ist schlecht und unerträglich. Wir sehen nur noch schwarz. Zuversicht sieht das Licht. Das Verhältnis kann dabei weniger als 10 zu 90 % sein. Doch dieser kleine konzentrierte Blick macht Freude aus und legt uns lebensschaffende Worte in den Mund. Wir sind aus der Finsternis in sein wunderbares Licht gerufen.

Was ist unsere Zuversicht und Freude?

Kläre deine Absicht

Ich rief zum Herrn in meiner Angst, und er antwortete mir. Jona 2,3

Wahrscheinlich kennen wir die Geschichte von dem Mann, der von einem Fisch verschluckt wurde aus Kindertagen. Gott hatte die Absicht, die Stadt Ninive ordentlich durchzuschütteln. Vieles lief nicht mehr rund und er suchte einen Propheten, der mal ordentlich die Platte putzt. Seine Wahl traf Jona. Der wollte in dieser Sache nicht die Finger reinbekommen und hatte Schiss. Er wollte nur schnell weg hier und flüchtete in einem Boot in eine andere Stadt. Dann Orkan, Wellen, verängstigte Besatzung und Mann über Bord, dass wieder Ruhe einkehrte. Jona landete dann für drei Tage und drei Nächte im Bauch des Fisches.

Was hier geschieht ist bezeichnend. In der ungewöhnlichen Quarantäne ändert Jona seine Absicht. Aus Flucht wird Hinwendung, aus Angst wird Gebet. Er erkannte in dieser unheimlichen Umgebung, dass dort, wo seine Absicht nicht mit der großen Absicht über seinem Leben in Einklang steht, die Wellen hochschlagen. Eine Absicht hat solch eine schöpferische Kraft, dass sie über Untergang oder Befreiung entscheidet. Gott wollte Ninive zur Besinnung bringen – da war die größte Lebensabsicht am Werk, und Jona stemmte sich dagegen. Solche Spannungen müssen Orkane auslösen. Doch wo er unter Schreck und Angst über dem was er auslöste bereit war, sich der höheren Absicht zu stellen, geschah das Wunder, dass Gott den verhängten Untergang einer Stadt aussetzte.

Über unserem Leben steht eine starke Absicht. Wir sind dazu gedacht, dass sich das Schicksal dieser Welt durch uns zum Guten wendet. Wenn wir jetzt sogar als Kloster unter staatlichem Hausarrest stehen, und viele von uns eingebunkert sind, ist das eine heilige Zeit, unsere Absicht zu prüfen. Unsere Absicht ist das Mächtigste das wir haben. Sie ist mächtiger als unsere Gedanken, Worte und sogar unser Glaube. Sie bestimmt, in welche Richtung wir gehen.

Wollen wir weiter in Turbulenzen leben, oder klären wir das Bild, welches Heil durch uns in die Welt kommen soll, damit wir unserer Absicht eine schöpferische Kraft geben?

Die Antwort liegt in dir

Mächtiger als das Tosen großer Wasser, mächtiger als die Wellen des Meeres ist der Herr in der Höhe. Ps 93,4

Wenn im jugendlichen Eifer einer voller Lebensfreude über einen Felsen in eine Lagune springt und sich dabei das Genick bricht, denkt jeder, das Leben ist gelaufen. Tatsächlich ist er zu 90 % querschnittsgelähmt und lebenslänglich Rollifahrer. Wo alles schwarz ist und die Selbstanklage zermürbt, sagt er: Dieses Unglück führte mich zu meinem Lebenssinn.

Ob selbstverschuldet oder durch Außeneinwirkung, die Wellen in einem Leben schlagen hoch. Wir kommen immer wieder an den Punkt: Da geht nichts mehr. Tragischer Krankheitsverlauf in der Familie, in der Firma Ausnahmezustand, in der alles unter Stress steht. Die Jünger kamen in Panik, als es beim Fischen so stürmte, dass Wellen ins Boot schlugen. Da sind ständig Dinge, die den Atem rauben und das Herz ausreißen. Doch genau in diesem Boot, sitzt einer, der die Frage stellt: Wo ist euer Glaube? Jesus scheint Galgenhumor zu haben. Wo in uns der Puls nicht mehr höherschlagen kann, sagt er, hab dich nicht so, was wirklich mächtig ist, ist der Herr in der Höhe. Ihr habt die Macht, durch den Allmächtigen größte Stürme zu bezwingen. Der Glaube in euch lässt euch leben.

Die Tragik des Lebens beginnt nicht dort, wo unser Haus abbrennt, wo Trauer uns auffrisst, sondern wo wir glauben, mir ist nicht mehr zu helfen. Wo Gott mächtig ist, ist das schlimmste Unglück kleiner. Der Glaube ist das Greifen nach schöpferischer Übermacht. Diese Vollmacht liegt als Geheimnis in uns, zu der hohe Wellen keinen Zutritt haben. Da ist der eine Raum, der nur für Gott und uns bestimmt ist. Wo mein Glaube diesen Raum betritt, hat er alle Macht, dass ein belastetes Herz wieder lachen kann. Wir können morgens ohne Kloß im Hals aufstehen.

Wenn die Antwort in mir liegt, welches Unheil sollten wir dann fürchten?

Folge der verrückten Stimme

Ich will dich mit meinen Augen leiten. Ps 32,8

Zu einer den größten Frauen der Welt gehört Maria. Diese unscheinbare junge Dame in der Weihnachtsgeschichte hatte eine außergewöhnliche Stärke – sie war so still, dass sie die Stimme eines Engels wahrnahm. Sie hat in ihrem Alltag das Hören gelernt. Sie war offen für etwas total Verrücktes und Menschenunmögliches. Der Allmächtige hatte in ihr ein Kind gezeugt, gegen jegliche Erfahrung und Gesetze der Biologie. Was die Wissenschaft auf den Kopf stellt, hat sie einfach geschehen lassen.

Wir sind umzingelt von Engeln, die uns wie bei Maria, sagen wollen: Du hast bei Gott Gnade gefunden! Da sind ständig Mächte und Stimmen unterwegs, die in die absoluten Verrücktheiten unseres Lebens führen wollen. Da sind Worte, die sagen: Lass dich nie von dem bestimmen, was du kennst und selbst für möglich hältst. Die Stimme will uns sagen: Bleibe verrückt. Da gab es Menschen, die sagten: Ich glaube, wir können fliegen. Total verrückt, doch heute fliegen wir um die ganze Welt. Da ist ständig eine Stimme, die uns sagt: Sei offen, es gibt noch viel Größeres – ich will dich mit meinen Augen über dein kleines Denken hinausleiten. Versperre dich nicht dem, dass ich deine Enge sprengen will.

Wenn Gott mit uns redet, fliegt das Blech weg. Er sagt: Ich führe dich und verrücke dich in die Welt meiner Möglichkeiten. Was du dir denkst und vorstellen kannst spielt keine Rolle, wenn ich leite, stehen alle Türen offen. Unser Glaube hört oft dort auf, wo unsere Angst anfängt. Unsere Angst will uns davor bewahren, dass wir unbekanntes, neues Land betreten. Sie hält uns im entscheidenden Moment zurück unsere Grenzen zu verlassen und dieser ungewöhnlichen verrückten Stimme zu glauben.

Wo lassen wir uns heute verrücken und unsere Grenzen sprengen?

Keine Angst vor Wellen

Der Herr wird für euch streiten, und ihr werdet stille sein. 2. Mose 14,14

Da geht das eine Volk mitten durch das Meer und das andere kommt im gleichen Meer um. Für den Verstand eine Hausnummer zu groß. Das Volk Israel umzingelt von Angst. Vorne unüberwindbares Wasser, hinten Krieger, die ihnen an den Kragen wollen. Eine Situation von Schrecken, Hoffnungslosigkeit und Nahtoderfahrung. Bei vielen läuft bereits der Film ihres Lebens ab. Ein Film ohne Happy End. Das typische Kopfkino das abläuft, wenn nichts mehr geht. Gedanken der Angst nehmen einen so gefangen, dass wir verzweifelt in unserem Hamsterrad keuchen. Doch was macht der Glaube in solch einem Moment? Mose sieht zwar Meer und Heer, doch seine Antennen nach oben sind offen. Mitten in seiner Angst lässt er die Option zu, dass Gott noch lange nicht am Ende ist. Er ist bereit, in einem Horror-Moment still zu sein und zu warten. Gott spricht zu Mose: Hebe deinen Stab hoch, teile das Wasser und führe das Volk hindurch. Der helle Wahnsinn, und es funktioniert.

Paulus sagt: Wir überwinden weit durch den, der uns geliebt hat. Wenn der Herr für uns streitet, steht größte Zuneigung hinter uns. Da kann die ganze Welt Kopf stehen, dagegen kommt niemand an. Mit dem Glauben haben wir ein Überwindungswerkzeug im Handgepäck, da schlackern allen Mächten die Ohren. Mit dem Glauben brauchen wir nicht bei der Angst stecken zu bleiben. Uns wird der Atem stillstehen, uns wird das Herz in die Hose rutschen, doch im Glauben gehen wir unerschrocken auf die Wellen zu. Wir wissen, da geht ein Weg durch das Meer, auch wenn wir uns nicht ausdenken können, wie das gehen soll. Wenn Gott für uns streitet, kann der Glaube sich durch alle Widerstände durchglauben.

Warum sollten wir der Angst mehr glauben, als Gott, der für uns streitet?

Gehe auf wie eine Dampfnudel

Ich will die Übertreter deine Wege lehren, dass sich die Sünder zu dir bekehren. Ps 51,15

An Menschen kann man entweder verzweifeln oder sie lieben lernen, wie Gott sie liebt. König David fällt es wie Schuppen von den Augen. Er, Volksführer, Gottesmann, hinterlistiger Lustmörder und Vertuscher. Eine Persönlichkeit mit harten Extremen. Volles Potenzial und tiefste Abgründe. Vor Gott erkennt er: Ich bin der Mann. Ich bin der, der Güte in den Dreck gezogen hat. Ich habe für persönliche Vorteile Macht missbraucht. Wo er sich alle Klamotten vom Leibe reißen müsste und sich in Grund und Boden schämen, macht er die Erfahrung seines Lebens; Gott verdammt nicht. Er erfährt wie Gott mit Schuld umgeht. Er haut sie ihm nicht um die Ohren, sondern vergibt. Er lernt etwas, was Gott ausmacht. Gott nimmt Versager an. Er wird von dem weiten Herzen Gottes regelrecht aufgesaugt. Er ist fassungslos, wie man Sünder lieben kann. Gott pflegt einen völlig anderen Lebensstil als wir das gewohnt sind.

Wer solch einen Gott erlebt, muss aufgehen wie eine Dampfnudel. Glaubende bekommen weite Herzen, die Welt zu lieben, wie Gott sie liebt. Wer angenommen ist, braucht andere nicht anzuklagen. Das ist ein revolutionärer Lebensstil. Wie schnell fetzen wir uns über dem Versagen anderer. Wir hissen die Fahne, auf der alle Fehler aufgelistet sind, und wedeln anderen vor der Nase herum. Glaubende gehen mit Übertretern anders um. Nicht Vorwürfe führen zum Umdenken, sondern vergebende Herzen. Gott will uns gewaltig ausdehnen, dass wir Sünder annehmen lernen. Es gibt keine Unschuldigen, daher finden wir hier den Weg, um mit schuldig Gewordenen klar zu kommen. Nur wer Vergebung erfährt und lebt, findet weite und gangbare Wege für die Zukunft.

Wo kann uns diese Liebe so richtig weit machen?

Prosit, sehr zum Wohl

Die Elenden und Armen suchen Wasser, und es ist nichts da, ihre Zunge verdorrt vor Durst. Aber ich, der Herr, will sie erhören. Jes 41,17

Trinken sie viel Wasser, vor allem morgens nach dem Aufstehen, sagt die Medizin. Der menschliche Körper besteht aus etwa 70 % Wasser, bei Neugeborenen sind es sogar über 90 %. 2–3 Liter am Tag wären für den Normalbürger optimal, dass alle Körperfunktionen ideal funktionieren. Wo Wasser fehlt, hat das für Mensch und Natur katastrophale Auswirkungen. Experten sagen, dass in den nächsten dreißig Jahren in Afrika ein Wassernotstand ausbricht, der Klimaflüchtlinge nach Europa treibt.

Wasser ist überlebenswichtig. Ohne Wasser ist der Tod im Topf. Bei uns steht täglich Mineralwasser auf dem Tisch. Wasser, seit der Eiszeit unberührt. Die Bibel kennt diese elementaren Quellen, schürft jedoch noch viel tiefer. Die Erde lebt von kristallklaren Gebirgsbächen, der Mensch zusätzlich aus der Quelle, die weit über das materielle Dasein hinaus reicht. Prickelnd und perlend wird Leben durch lebendiges Wasser. Es ist das Christus-Quell-Spezial. Gottes Edelmarke, die Lebensgeister aktiviert. Dieser Drink verleiht nicht nur Flügel, sondern weckt Tote auf. Ein Energiedrink, der Leben unsterblich macht. Das ist die Quelle, die nicht nur aus der Urzeit, sondern aus dem Ewigen in alle Vergänglichkeit sprudelt.

Wir alle haben unsere Durststrecken. Es gibt genügend Beziehungen, bei denen nur noch die Zunge heraushängt. Es wäre ein Drama, wenn dieses Land völlig austrocknen würde, bis wir nur noch flüchten können. Gott hat längst die Durstigen erhört. Wir haben Heilquellen, Trostquellen und Segensquellen. Es ist unerschöpflicher Vorrat da. Trinken sie täglich. Trinken sie reichlich. Saugen sie das gute Wort auf. Trinken sie Stille. Trinken sie Meditation. Trinken sie Gebet. Prosit, sehr zum Wohl.

Warum lassen wir die Zunge heraushängen, wo wir an der Quelle stehen?

Lass dich durchzucken

Wende dich zu mir und sei mir gnädig; denn ich bin einsam und elend. Ps 25,16

Aus irgendeinem Grund landete das Ei eines Adlers in einem Hühnernest. So brütete Mama-Huhn einen Adler aus. Der wuchs zusammen mit den kleinen Küken auf und pickte im Hof seine Körner. Eines Tages schaute der kleine Adler zum Himmel auf und fragte: Was ist denn das für ein Vogel, der da so weit oben schwebt? Das ist der Adler, sagten die Hühner. Schminke dir ab, so fliegen zu können, wir sind Hühner, wir bleiben hier und vergnügen uns hier. Und der kleine Adler pickte weiter seine Körner. Die meisten Grenzen setzen wir uns selbst. Wir haben mal gelernt was geht und nicht geht und haben dadurch eine Beschränkung im Kopf. Wohl dem, der sich darauf besinnt, wer er ist und seinen Geist für mehr öffnet.

In dem Moment, wo jemand zu Gott sagt: „Wende dich zu mir“, will er nicht mehr stehen bleiben bei dem was ist. Fast vierzig Jahre war ein Kranker gelähmt und hatte sich damit abgefunden nicht gehen zu können. Als er Jesus begegnete geschah etwas Verrücktes. Schlagartig hoffte er: Da geht noch mehr. Er sagte zu Jesus: „Ich habe niemand, der mich zum Wasser bringt, das andere schon geheilt hat.“ Jesus antwortete: „Steh auf, nimm dein Bett und geh hin!“ Es wird nichts darüber gesagt, ob hier die Muskeln wieder ansteuerbar waren, oder ob es in erster Linie die Blockade im Kopf war, die ihn am Boden hielt. Doch die Vorstellung, das geht nicht, hält uns auf dem Niveau, das wir für möglich halten.

Egal in welcher Engpasssituation wir stehen, der Ruf, „Wende dich zu mir und sei mir gnädig“, ist die Öffnung in den Horizont Gottes. Damit brechen wir aus uns selbst auf und stellen uns infrage. Wir fangen an zu glauben, dass Gott noch zig Register ziehen kann, wo wir keines mehr sehen. Bei allem was möglich ist, stehen wir erst am Anfang.

Was scheint uns gerade unmöglich, wo ein Ruck uns durchzucken sollte?

Lass deine Chemiefabrik Glück ausschütten

Freut euch und seid fröhlich im Herrn, eurem Gott. Joel 2,23

Wie kann man sich freuen, wenn eine Heuschreckenplage schon mehrere Jahre die Ernte kahl frisst? Da nagt man eher am Hungertuch, als dass man Grund zum Freuen hätte. Doch Joel hat ein geniales Rezept gegen das Absacken. In der schlimmsten Krise zeigt er die wahre Kraft des Glaubens. Wenn uns die Corona-Krise etwas lehrt, dann das, dass es nicht die letzte Krise sein wird in dieser immer komplexeren Zeit. Wir können uns nie darauf verlassen, dass wir im Außen Stabilität finden werden. Das was da draußen passiert, lässt sich nicht abstellen. Daher gilt es fit zu werden, mit einem starken Immunsystem für den Körper und viel mehr mit Abwehrkräften in unserem Geist.

Seid fröhlich im Herrn, ist der langersehnte Impfstoff gegen alle Art von Viren. Freut euch in Gott, ist die volle Dopamin-Ausschüttung, die in unserem Körper Glückshormone produziert. In einer miesen Stimmung erschaffen Nervenzellen Transmitter, die deine Stimmung verändern. Wenn Gott selbst die Freude ist, wirst du durch das Freuen an der Freude organisch verwandelt. Freude ist die höchste Form an Lebenskraft. Sei fröhlich im Herrn, ist das wirksamste Mittel zur Krisenbewältigung. Wo du im Außen nichts verändern kannst, kannst du die Hormonproduktion in dir aktivieren. Glaube beginnt mit der Übung im Geist, die sich im ganzen Körper auswirkt. Die Chemiefabrik in dir ist so leistungsfähig, dass sie mit allen gierigen Heuschrecken und Viren fertig wird.

Somit brauchst du nie auf einen besseren Impuls von außen warten. Die Verbesserung der Situation beginnt in dir. Wer sich richtig freuen kann, hat so viel Kraft und gleichzeitig Leichtigkeit, dass das Schwere an Gewicht verliert. Heute ist Sonntag, welch eine wunderbare Gelegenheit, Freude zu üben und sich in die Gegenwart Gottes zu versetzen.

Was würde leichter werden, wenn deine Chemiefabrik Glück ausschüttet?

Stelle andere Fragen

Gott der Herr hilft mir, darum werde ich nicht zuschanden. Jes 50,7

Ein herzensguter IT-ler, steht selbst mitten in der Nacht auf der Matte, wenn im Krankenhaus das Computernetzwerk im OP spinnt. Als Papa, Ende vierzig, hat er vor zwei Jahren seinen elfjährigen Sohn beerdigt. Die Ärzte haben lange mit dem Tumor im Kopf gerungen und mussten sich dann doch geschlagen geben. Endlose Gebete sind gen Himmel gestoßen worden, die anscheinend für die Katz' waren. Wenn der Vater abends alleine, bei einer brennenden Kerze, am Bild seines Sohnes sitzt, kann er nur verzweifelt klagen: Gott der Herr hat mir nicht geholfen.

Was Jesaja ohne Einschränkung mit geschwollener Brust von sich gibt, deckt sich oft nicht im Geringsten mit dem, was wir so erleben. Wenn unsere Kirche sechzehn Jahre nach der Fertigstellung ausbrennt, hat das gewiss nichts mit dem gewöhnlichen Verfall zu tun. Wie sieht dann diese absolute Hilfe aus, wovon der Prophet 100 %tig überzeugt ist? Gottes Hilfe ist nicht unbedingt das, was wir uns vorstellen. In dem wir jetzt gerade diese Zeilen lesen, zeigen wir, dass wir alle Katastrophen bis hierher überlebt haben. Er hat nicht unsere Kirche verschont, er hat jedoch an uns ein Wunder vollbracht, das wir ohne Unglück nie erfahren hätten. Wo unsere Bauwerke kleiner wurden, ist er größer geworden. Für den Glauben war es eine wichtige Lektion, die es auf keiner Uni der Welt gegeben hätte.

Hilfe ist viel umfassender als wir sie uns denken können. Wenn Hilfe so aussieht, dass uns alles zum Besten dient, dann hängen wir nirgends in den Seilen. Dann hilft mir alles, was passiert. Das bedeutet ein völliger Umdenkprozess. Da geht es nicht mehr um die Frage: Warum lässt Gott das zu, sondern WOZU lässt er es zu. In dieser Fragestellung erkenne ich die Hilfe, die in jedem Ereignis liegt. Dann werde ich nicht zuschanden.

Wo muss ich die Frage umstellen, um die aufbauende Hilfe zu erkennen?

Wir werden Frühlingsboten

Ich will euch ein neues Herz und einen neuen Geist in euch geben. Hes 36,26

Das sieht nach Totaloperation aus. Wenn Gott nach Menschen greift, geht es nicht um Kleinigkeiten. Da geht's ans Eingemachte. Herz und Geist sind nicht irgendwelche Organe, da ist der Sitz von allem, was uns ausmacht. Wenn Gott da etwas erneuert, wird die gesamte Persönlichkeit formatiert. Wenn er gibt, gibt er sich selbst. Er pflanzt schöpferisches Wirken in uns ein. Was die Sonnensysteme ins Leben gerufen hat, will in uns lebendig werden. Diese Art sich zu verschenken soll durch unsere Adern fließen. Die Kunst zu vergeben soll belastete Organismen und ausufernde Geschwüre wiederbeleben. Wo Gott ein neues Herz gibt, aktiviert er nicht die Selbstheilungskräfte, sondern pflanzt Christus in uns ein.

Damit ist ein neues Programm installiert. Leben wird somit Dienst an der Welt. Wir werden zum Heilmittel der Schöpfung. Unser Leben hat keinen Selbstzweck, sondern ist bestimmt Leiden zu lindern. Mit dieser neuen Gesinnung verbinden wir die Wunden einer geschlagenen Menschheit. Mit uns baut Gott sein heilendes Netzwerk flächendeckend über die ganze Erde. Der Platz, an dem wir stehen, ist der heilige Ort, an dem sich ein neuer Geist ausbreitet. Unter diesem Geist werden die Schätze freigelegt, die Gott in jedes Leben hineingelegt hat. Wir werden zu Frühlingsboten, die jedem zarten Austrieb sagen können, dass er genug Grund hat, an Großes zu glauben. Es ist viel mehr da, was noch gar keiner sieht. Es braucht nicht viel, um Verborgenes lebendig zu machen. Mit dem neuen Herz und neuen Geist heilen Wunden und der Frühling weckt die schlafende Natur.

Was hindert uns, diese befreienden Kräfte an uns zuzulassen?

Eine prickelnde Lebensaufgabe

Herr, neige mein Herz nicht zum Bösen. Ps 141,4

Schnell könnten wir sagen, kaufe nur noch Fair-Trade-Rosen, damit die armen Arbeiter auf der Rosenfarm in Kenia nicht ausgebeutet werden. Wir hätten zum einen ein gutes Gefühl und zum andern etwas gegen das Böse in der Welt getan. Jedoch ist das Böse zunächst keine Handlung, sondern das abgeschnitten sein von Gott. Wir neigen dazu, uns an Gott vorbeizutricksen. Da ist immer wieder die Stimme, die abrät, uns auf Gott einzulassen. Es sind die Eifersuchtsgene, die zum Kochen kommen, wenn der Rauch des Bruders Abel höher steigt als meiner. Es ist die Neigung des reichen Jünglings, die an eigenen Werten festhält und dann die Berufung pfeifen lässt. Wir neigen zum Kneifen, wenn es um Gott geht. Wir büxen gerne dem Guten aus. Wir sind oft so wenig bereit, uns auf den Glauben einzulassen. Wir ertappen uns, wie wir den Überfluss an Gaben nicht verschwenden, sondern uns mit dem genügen lassen, was wir haben. Wo das Herz zum Bösen neigt, haben wir uns mit Mittelmaß abgefunden.

Paulus rät: Überwinde das Böse mit Gutem. Wisse um die Gefahr, die in dir lauert, greife nach dem Wort und nach der Auferstehungsmacht Christi. Mit Gutem überwinden greift nach den Gnadengaben, wagt jeden Morgen neu den Glauben. Ich tanke zuerst in der Losung und nicht in der Zeitung. Ich verpflichte mich, über den andern nur Gutes weiterzugeben, ansonsten schweige ich. Bei dem mit-Gutem-überwinden, stelle ich mich dem Gottesziel, das er mit meinem Leben und dem der anderen hat. Ich betrachte alles aus dem Aspekt, was fördert, was baut auf, was dient zum Guten. Damit habe ich schlagartig eine prickelnde Lebensaufgabe.

Hat uns das Negative im Griff, oder überwinden wir uns zum Guten?

Kämpfe gegen die Hämmer

Du, Herr, sei nicht ferne; meine Stärke, eile, mir zu helfen! Ps 22,20

Es ist normal, ratlose Stunden zu haben. Es ist nichts Außergewöhnliches, dass Sorgen über den Kopf wachsen und in ruhelosen Nächten im Gehirn an die Schädeldecke hämmern. Da sind Wege, die in die letzte Verzweiflung treiben, oder das Leben erwischt uns von seiner total ungerechten Seite. Situationen, in denen sich alles aufbäumt. Billigen Trost suchen wir darin, dass wir Menschen oder schlimme Umstände für unser Elend verantwortlich machen. Der Arbeitgeber hat für ein harmonisches Betriebsklima zu sorgen. Wenn mich mein Mann verstehen würde, könnte ich endlich glücklich sein. Wenn ich in einer Bruderschaft nicht so hart arbeiten müsste, könnte ich viel befreiter glauben. Suche nach einer heilen Welt, die es nicht gibt. Sie suchen die Verantwortung bei anderen und nicht bei sich selbst.

Der Psalmbeter dreht den Spieß um. In seiner beklemmenden Situation verlässt er die Opferrolle und bricht aus spannungsgeladenen Umständen aus. Du starker, naher Gott, hilf mir! Der Glaube dröhnt sich nicht mit Antidepressiva zu, sondern bäumt sich zum Himmel auf. Wo einem zum Heulen und Davonlaufen zumute ist, wagt er die Drehung weg von sich, hin zu Gott. Eile, mir zu helfen, ist der Schrei nach Erlösung. Mit ganzer Macht zieht er Erbarmen in sein Leben. Damit versinkt er nicht mehr in seinem Schmerz, er versinkt ganz in Gott. In all seiner Auflösung wird er von tiefem Frieden aufgefangen. In diesem Schrei geschieht wundersame Verwandlung. Die Ungerechtigkeit bleibt, doch ich werde ein anderer. In mir wandelt sich Schwäche in Mut und Entschlossenheit. Es geschieht veränderter Umgang mit dem, was an die Schädeldecke hämmert.

Eile ich zur Verzweiflung, oder eile ich zur Hilfe?

Vermehrung kommt von oben

Weh dem, der sein Gut mehrt mit fremdem Gut, wie lange wird's währen? Hab 2,6

Sein Gut mehren ist völlig in Ordnung. Das gehört zum Wachstum und jeder gesunden Entwicklung. Wir brauchen uns nicht mit wenig zufrieden geben, sondern dürfen gewinnbringend wirtschaften. Etwas vervielfältigen ist schöpferisch, gehört zum Leben und hat mit Segen zu tun. Es ist erfüllend, wenn aus etwas Kleinem etwas Großes wird. Doch im Geheimnis des mehr Werdens liegt eine Stolperfalle. Es wächst auch die Gier. Da fängt ein Geier an lebendig zu werden. Da meldet sich Eigennutz zu Wort, der natürlichem Wachstum ein Schnippchen schlagen will. Man will Eigenes mehren, auf Kosten anderer. Seit Jahren bekommen wir eingetrichtert: Geiz ist geil. Kultivierter Egoismus, der Segen abwürgt. Hauptsache ich habe genug, auch wenn andere dafür bluten. Wenn wir Blumen verkaufen, schöne Sträuße binden und Kunden den Preis drücken, ist das geil. Ein Einkäufer bereichert sich an der Kunst des anderen. Nicht umsonst müssen viele Geschäfte allein in unserer Branche schließen. Schon die Propheten wussten, seine Gier nicht im Griff haben, nimmt ein böses Ende.

Gier ist in der Tiefe die Angst, zu kurz zu kommen. Es ist den Gaben Gottes nachhelfen wollen. Es ist der Mangel an Vertrauen, dass Gott die Seinen versorgt. Habgier löckt gegen den Glauben. Es ist die Unbereitschaft, sich in Gott fallen zu lassen. Die Begierde nach mehr, nach dem, was uns nicht zusteht, will uns in unsere Verantwortung vor Gott führen. Ich selbst verantworte, wie ich mit dem Reiz nach mehr umgehe. Ich bin für die Segenssträhne Gottes geschaffen, in der alles liegt was Leben erfüllt. Daher muss ich wissen, dass ein eigenes Beschleunigen nur Elend schafft.

Gott mehrt unser Gut; wo versuchen wir dem ungläubig nachzuhelfen?

Überflute mit Segen

Die Gnade des Herrn währt von Ewigkeit zu Ewigkeit über denen, die ihn fürchten, und seine Gerechtigkeit auf Kindeskind bei denen, die seinen Bund halten. Ps 103,17-18

Mehr noch als die Luft, die uns zum Atmen umgibt, atmet alles Leben Unsterblichkeit. Allem Elend zum Trotz, wird Dasein jeden Morgen neu erschaffen. Wir sind in eine Dynamik eingehüllt, die Berge versetzt und Unmögliches möglich macht. Die ganze Welt ist voller Energie, die unauslöschbar ist. Es braucht nur Leute, die sie ergreifen.

Wo die Gnade und Gerechtigkeit des Herrn ist, da sind Raum und Zeit mit Ewigkeit gefüllt. Da ruht unser Chaos in der Unendlichkeit der ewigen Welt. Das bisschen Materie, das wir sehen und erleben, lebt grenzenlos, in dem nie endenden, unsichtbaren Kosmos. Aller Schock unserer Tage, ist von Wohlwollen umschlossen. Für alle Zeiten steht unverrückbares Ja über der Schöpfung. Unbeirrt dessen, ob wir Klimakatastrophen über diese Erde bringen, bleibt das Recht über allem Unrecht. Es bleibt Gnade für ein Leben, das ewig ist, unabhängig von menschlichem Verhalten. Es liegt in der Art Gottes, gnädig und gerecht zu sein. Wo Gnade von Ewigkeit zu Ewigkeit währt, ist das Universum prallvoll mit den Gaben Christi.

Wo bleibt diese umwerfende Gewalt in unserer Kirche, in der Christenheit, in unserem ganz natürlichen Leben? Ewigkeit lebt mitten unter uns und wir sehen nix. Knackpunkt ist, wir glauben's nicht. Gnade erschließt sich denen, die in Ehrfurcht danach greifen und sich an das Wort krallen. Nehmen wir Gott beim Wort, dann kann sich Ewiges manifestieren. Wir haben die Gnade, auch heute aus aller Mühsal aufzustehen und diese Welt zu einem Ort zu machen, in dem das Heilige lebt.

Glauben wir, dass wir die Gnade haben, Leben mit Segen zu überfluten?

Glaube an Vermehrung

Ich will euch mehr Gutes tun als je zuvor, und ihr sollt erfahren, dass ich der Herr bin. Hes 36,11

Es gibt Studien, dass die meisten Lottogewinner, nachdem sie ihren märchenhaften Gewinn verbraucht haben, über weniger verfügen, als vor ihrem Glücksregen. Jeder will reich sein, jeder will über genügend Geld verfügen, doch die wenigsten wissen, dass wahrer Reichtum nicht im Geldbeutel, sondern in der persönlichen Einstellung zum Geld beginnt. Wer immer nur denkt, es reicht nicht, ich habe zu wenig, ich komme nicht rum, programmiert sich auf Armut. Armseliges Denken kann nicht reich machen, auch wenn die Lotterie ihren Topf ausleert.

Gott packt das Übel an der Wurzel. Er will Überflussdenken pflanzen. Von allem Guten ist unendlich viel da. In Gott, in der Schöpfung fehlt es an nichts. Schöpfung ist Wachstum, Vermehrung, Segen. Gott ist totaler Überfluss, ist die totale Verschwendung. Er ist prall voll mit Gutem. Da ist Schaffensenergie ohne Ende. Sein Konto läuft an allen Ecken über. Er kann gönnerhaft austeilen. Er verschwendet mit Christus sein Leben, um Menschen mit göttlicher Fülle zuzuschütten. Diesen Reichtum lehrt er uns. In diesen Reichtum stellt er uns. Aus diesem Reichtum sollen wir schöpfen und verschwenderisch werden.

Im Glauben lebt der Mensch in dem Bewusstsein es fehlt an nichts. Ich kann auf ein unerschöpfliches Kapital zugreifen. Wo ich in diesem Vertrauen und der Selbstverständlichkeit ausschöpfe, erlebe ich das Wunder der Witwe von Zarpat. Sie schöpft Mehl und Mehl und Mehl und es geht nicht aus. Oder plötzlich reichen fünf Brote und zwei Fische für zigtausend Leute. Der Glaube an die Unerschöpflichkeit vermehrt. Der reine Blick auf die Materie und meine Arbeit verarmt.

Wo müssen wir diesem Vermehrungsprinzip noch viel mehr glauben?

Empfange wundersame Impulse

Ich will auch hinfort mit diesem Volk wunderlich umgehen,
aufs Wunderlichste und Seltsamste, dass die Weisheit seiner Weisen vergehe. Jes 29,14

Je mehr ich weiß, umso mehr weiß ich, dass ich nichts weiß, sagte Albert Einstein. Obwohl uns atemberaubendes Wissen zu jeder Zeit und überall zur Verfügung steht, sind die ganzen Enzyklopädien und Wikipedia ein winziger Teil von dem, was an universaler Weisheit in der Schöpfung liegt. Es gibt ein Wissen, das kein Sprachassistent zur Verfügung stellt. Weisheit, die irgendwo in der Luft liegt und immer wieder überrascht, wie sie durch eine Wolken- oder Feuersäule die Führung übernimmt.

Gott kommuniziert auf die verrückteste Weise. Da stellst du vielleicht die Frage, „Lieber Gott, wie geht es weiter?" und plötzlich entstehen Bilder in deinem Kopf. Als ich diese Frage stellte, sah ich eine wackelige, hölzerne Hängebrücke, über die ein kleiner Weg führte. Irgendwie war mir klar, da musst du jetzt drüber. Auf der anderen Seite wusste ich, jetzt bist du da, wo dein Weg weitergeht, – im Kloster. Gott geht mit seinen Leuten wunderlich um. Also Achtung, wenn du eine Frage gen Himmel schickst, bist du vor Überraschungen nicht sicher. Von höchster Stelle kommen Antworten, die wir uns nicht denken können. Gott sitzt auf einem Reservoir von Lösungen. Da sprüht Heiliger Geist vor unerschöpflicher Weisheit.

Um diese Informationen zu empfangen, gilt es in jedem Augenblick offen zu sein. Wenn du Gott eine Frage stellst, kommt eine Antwort, jedoch oft anders als du denkst und über einen Kanal, den du nicht für möglich hältst. Vielleicht blitzt eine verrückte Idee auf, springt dich ein Satz an, den du liest, sagt dir jemand ein zündendes Wort, oder macht eine bedeutungslose Begegnung im Park bei dir Klick. Dein normaler Alltag ist voll mit Antworten, die einfach empfangen werden wollen.

Was könnte entstehen, wenn ich im Alltäglichen auf wundersame Impulse reagieren würde?

Nichts ist aussichtslos

Unsere Hilfe steht im Namen des Herrn, der Himmel und Erde gemacht hat. Ps 124,8

Welch eine gewaltige Sichtweise wird uns hier aufgemalt. Extremster Not steht ein Schöpfungsmorgen gegenüber. Der am Boden Liegende, steht vor dem, der allem den Atem eingehaucht hat. Bei dem, der keinen Ausweg sieht, legt der die Hand an, der Meer, Berge und alle Kreatur geschaffen hat. Wo Probleme ganze Welten zusammenbrechen lassen, kommt der, der den Tod überwunden hat. Der Psalmbeter malt die größte Kompetenz für Krisen auf. Jeder sucht für seinen schwersten Schmerz den besten Spezialisten auf. Auf jedem Gebiet gibt es einen Experten, der uns im augenblicklichen Anliegen helfen kann. Gott ist Experte für Lebenskrisen aller Art. All dem, was uns zu schaffen macht, steht der gegenüber, der nur ein Wort spricht und die Seele wird gesund. Gott ist Spezialist für Verzweiflung. Er ist der Fachmann, wo es um die Orientierung des Lebens geht. Nöte sind umzingelt von Schöpfermacht.

Das ist das Ende aller Ausweglosigkeit. Damit ist Schluss mit all den Ausreden, dass es mich besonders hart erwischt hat und mir sowieso keiner helfen kann. Hilfe ist über alle Maßen da. Da gibt es keine schwarzen Löcher, die Gott nicht durchdringen kann. Ich weiß nicht wie es weitergehen soll, ist Zeichen dafür, dass wir unsere Hilfe nicht im Herrn erkennen. Es ist Zeichen dafür, dass wir uns noch um uns selbst drehen und uns nicht helfen lassen. Das Problem ist nicht das Problem an sich, sondern inwieweit wir im Glauben unsere Hilfe sehen. Vielleicht will uns unsere Not gerade an den Punkt in uns führen, wo wir Vertrauen wagen und an unseren Grenzen den Schöpfer ans Werk lassen.

Alle Macht ist da, warum trauen wir uns so wenig sie auszuschöpfen?

Kraftvolles Leben ist garantiert

Weise mich zurecht, Herr, aber im Gerechtigkeitsverfahren, nicht in deinem Zorn, damit du mich nicht auslöschst. Jer 10,24

Zurechtweisung bekommt mit Pfingsten eine völlig andere Note. Führung zum Guten geschieht nicht durch Gewalt und Prügelstrafe, sondern indem Glaubende vom Geist Jesu übermannt werden. Durch den Geist vollzieht sich Gericht Gottes an der Welt. Er ist die Kraft, der die Menschen im Staub zu Gott erhebt. Er weist den Weg aus dem Schlachtfeld unserer Tage über alles Dasein hinaus. Er ist der Tröster, der die Fallenden auffängt. Er ist der Fürsprecher, der von Vorwürfen und Anklagen befreit. Dieser Geist ist Gottes Revolution in einer trostlosen Welt. Er weist Wege aus der Verzweiflung über sich und den ausweglosen, verfahrenen Situationen von Menschen und Gesellschaft. Wo der Geist den Weg weist, geht im Chaos ein Feuer an. Da schafft Gott Wege von Sünde zur Herrlichkeit. Da eröffnen sich in einer blutenden Welt alle Chancen des Schöpfungsmorgens.

Weise mich zurecht, ist die Bitte um den Heiligen Geist. Es ist das Ringen um Führung in aller menschlichen Unzulänglichkeit. Es ist das nach oben offen sein im eigenen Versagen. Mit dem Geist gehen wir weiter, wo sonst die Menschen stehen bleiben und fertig sind. Mitten im Unvermögen geht es da erst richtig los. Wo der Geist seine Register zieht, ist mehr Leben da, als jeder Weltuntergang auslöschen kann. Da lebt in mir eine Kraft, die allem menschlichen Es-geht-nicht-mehr trotzt. Da beißt sich ein Fräskopf durch jedes verstopfte Rohr. Wer durch den Geist geführt wird, sieht Wege, wo sonst Sackgasse ist. Der Geist ist das Trotzdem, gegen alles was dagegen spricht. Damit ist unter dieser Führung kraftvolles Leben garantiert.

Ist das nicht die höchste Form der Zurechtweisung, die wir denken können?

Schau auf die Lilien

Ist denn die Hand des Herrn zu kurz? 4. Mose 11,23

Die Bundesregierung geht von der größten Rezession der Nachkriegszeit aus. Das Bruttoinlandsprodukt könnte um 6,3 % zurückgehen. Airbus verbrennt 500 Millionen – Verlust in nie dagewesener Größe. Weitere sechs Monate überlebt jede zweite Firma nicht, die inzwischen wochenlang geschlossen hat, laut Ifo-Umfrage. Wirtschaftsnachrichten von gestern. Panik, Magengrimmen und Zukunftskoller blockieren jeden Funken Hoffnung. Nackte Tatsachen prallen gegen alle sonnigen Vorstellungen von dem: Das wird schon wieder. Und dann heute diese banale Frage, die scheinbar keine Ahnung von Tun und Blasen hat.

Blickwechsel. Der Herr. Also Gott fragt: Wozu macht ihr euch ins Hemd? Klar weiß ich, was euch durchschüttelt, aber ihr scheint nicht zu wissen, was dem entgegensteht. Eure Wissenschaftler haben festgestellt, dass ein Kubikmeter Weltraum genug Energie enthält, um alle Meere auf der Erde zum Überlaufen zu bringen. So ein kleiner Klumpen luftleerer Raum aus dem All strotzt vor Schöpferkraft. Jesus sagt: Schau die Lilien auf dem Feld an, sie arbeiten und produzieren nichts und überragen Salomo in seiner Herrlichkeit. Warum sorgt ihr euch, was ihr essen und trinken werdet und wie ihr euch anziehen sollt? Leute, solange es den ewigen Gott gibt, ist der ganze Ruin, der auf der Erde passieren kann so, als würde ein Glas von eurem Tisch fallen. Ich will, dass euer Herz und Verstand sich Richtung Himmel aufreißen lassen.

Glaube hängt nicht von dem ab, was wir uns vorstellen können. Und selbst von dem was wir uns in den kühnsten Träumen denken können, geht noch viel mehr. Für die Grenzenlosigkeit der Schöpfung gibt es für uns kein Organ, das dies erfassen kann. Der Glaube ist das Loslassen von allen menschlichen Vorstellungen, um einem gigantischen, schöpferischen Wirken Platz zu machen. Wenn sich unser Geist, nur einem Funken des Heiligen Geistes öffnet, sehen wir in eine Zukunft, in der alles möglich ist.

Wie können wir gerade jetzt lernen, diesen vertrauenden Blick einzuüben?

Schmerzliche Wachstumsschübe

Eile, mir beizustehen, Herr, meine Hilfe! Ps 38,23

Hartgesottene Fischer geraten in Seenot. Die Jünger kämpfen um ihr Leben. Die Wellen schlagen hoch, das Schiff droht zu kentern. Panik. Im hinteren Teil schläft Jesus in aller Gemütsruhe. Den Mann, dem alle Macht im Himmel und auf Erden gegeben ist, kratzt das nicht, wenn seine Vertrauten auf dem Zahnfleisch daherkommen. Er muss von denen, die voller Entsetzen ums Überleben ringen, aus tiefem Schlaf wachgerüttelt werden. Geht Gott letztlich die schlimmste Not am A… vorbei? Gestandene Männer, die schon etliche Stürme überstanden hatten, winseln um Hilfe. Vorwurfsvoll attackieren sie ihren Meister, ob es ihn nicht kratze, wenn sie untergehen. Sie sind fassungslos. Ihnen steht das Wasser am Hals und er bleibt tatenlos. Herr, reg' dich, wir versinken! Eile zu helfen, sonst ist es aus! Sie machen Druck, gegenüber der unendlichen Gelassenheit Jesu.

Was ist das für eine irrige Meinung, mit Jesus im Boot, hören die Probleme auf? Gott ist keine Glucke, die alles Übel von uns abhält. Aus der Pädagogik weiß man, dass man bei der Kindererziehung, den Kids nicht alle Härten ersparen soll. Wer lernt seine Krisen zu meistern, wird zu einer reifen Persönlichkeit. Gott nimmt uns nicht den Kampf ab, der zum Glauben führt. Wo alles glatt läuft, kann kein Vertrauen gefestigt werden. Gott macht uns dadurch stark, in dem wir selbst am Rad drehen, an unsere Grenzen kommen, um dann nach ihm die Hände auszustrecken. Wo wir alles im Griff haben, wächst kein Glaube. Wir werden durchgeschüttelt, wir müssen Sicherheiten loslassen, um zu diesem Geheimnis der tiefen Gelassenheit durchzudringen, die in der Gottesgegenwart liegt. Gott mutet uns Seenot zu, um uns näher an sich zu ziehen.

Ist dann nicht jeder Crash ein Wachstumsschub für unseren Glauben?

Lass dich überraschen

Du tust mir kund den Weg zum Leben. Ps 16,11

Müllabfuhr ist eine geniale Erfindung. Auch wenn der Begriff Müllmann als Drohung für Kinder verwendet wird die nicht gerne lernen und dann quasi beruflich in der Gosse landen, ist das ein hochedler Beruf. Wenn die Müllabfuhr streikt, die Entsorgung nicht funktioniert, ersticken Menschen und Städte im Dreck. Unerträglicher Mief breitet sich aus. Lebensqualität und Zukunft entstehen, wo regelmäßig gründlich entsorgt wird.

Der Weg zum Leben hat oft erstaunliche Gesetze. Bei einem Ordnungsseminar würden wir feststellen, wenn wir die Wohnung von oben bis unten ausmisten, wird uns das befreien. Wo die Altlasten weg sind, entsteht nicht nur viel Platz, es entsteht immenser Innovationsraum im Kopf. Eine äußere Ordnung schafft ungeheure Klarheit in mir selbst. Wo Gott den Weg zum Leben kundtut, gilt dieses Prinzip. Jeder weiß, wie der Müll in Beziehungen belastet. Wenn nicht regelmäßig entsorgt wird, leben wir als soziale Messies. Das macht krank und wir ersticken in psychischen Müllbergen. Gott hat dafür eine ständige Grobmüllabfuhr. Jesus Christus, der Altlasten entsorgt. Erdrückender Müll ist weg. Er hat unser Haus komplett verlassen und steht nicht mehr übergangsweise in einer Garage. Wo der Dreck weg ist, ist riesiger Platz für Neues.

Paulus sagt: Ich vergesse, was dahinten ist, und strecke mich aus nach dem, was da vorne ist. Stellen sie sich mal vor, was passiert, wenn all die Verletzungen aus der Vergangenheit, die quälen und das Leben unendlich schwer machen, ganz einfach weg sind. Das was ein anderer mir angetan hat, ist einfach fort. Da wird jeder Tag zur Überraschung, weil ich keinen Klotz am Bein mehr mitschleife. Da stöhne ich nicht mehr unter dem Müll von gestern. Da kann sich die ganze Genialität des Lebens ausbreiten.

Sind wir noch überrascht, was passiert, wenn der ganze Dreck weg ist?

Bewege als Hanswurst die Welt

Der Bogen der Starken ist zerbrochen, und die Schwachen sind umgürtet mit Stärke. 1. Sam 2,4

Regierungswechsel auf der Erde. Wir sind stark. Das gilt für die, die unter sich und den anderen leiden. In dieser prophetischen Vision geschieht Entscheidendes für unser Leben. Die Schwachen werden kraftvoll und sind nicht mehr ihrem Leben ausgeliefert. Durch diese Vision werden die Menschen zu Herrschern über das, was sie beherrschen will. Dieser Machtwechsel ist durch Christus passiert. Mit Christus bekommt die Ohnmacht der Welt ihre Macht zurück. Damit steht der Glaubende in der Übermacht zu dem, was ihm zu schaffen macht. Er wird dadurch wieder an die Seite Gottes gerückt und wird vom Opfer zum Schöpfer des Lebens. Wer mit Stärke umgürtet ist, wird vom Staub aufgehoben. Er ist nicht mehr der von den Umständen Erschlagene. Glaubende ergreifen die Vollmacht ihres Lebens, die mit Christus in der Schwachheit wirksam wird. Damit schwindet alle Angst eines David vor Goliath.

Paulus verwendet dazu das passende Bild. Wir dienen Gott und dem Leben, in dem Wort der Wahrheit, in der Kraft Gottes und den Waffen der Gerechtigkeit. Wir dienen in Vollmacht. Ich als kleiner Hanswurst kann damit die Welt bewegen. Damit kommt es nicht mehr darauf an, was ich aus mir heraus kann und weiß, sondern dass ich im Glauben an Christus, dem Übermächtigen entgegentrete. Damit ist immer mehr Hoffnung da, als die Umstände zulassen. Damit habe ich mehr Kraftreserven, als ich je in mir vermute. In aller Schwachheit bin ich mächtig. Unerschrocken kann ich den größten Widerständen die Stirn bieten. Selbst dort, wo ich mich menschlich in einer schwierigen Lage befinde, kann ich mein Leben voll in die Hand nehmen. Wir sind stark, durch den, der uns mächtig macht.

Da kann man halt nichts machen, – wie greifen wir da nach dieser Stärke?

Das Beste ist gerade gut genug

Herr, ich freue mich über den Weg deiner Zeugnisse wie über allen Reichtum. Ps 119,14

Besser reich und gesund, als arm und krank. Ein Spruch, den man immer wieder hört. Also streben wir wie verrückt nach Gesundheit und Reichtum, um glücklich zu sein. Der Psalmbeter dreht den Spieß komplett um. Er erkennt seinen höchsten Wert in dem Wort, das von Gott kommt. Egal ob es Zuspruch oder Mahnungen sind, es stellt alles andere in den Schatten. Dieses Wort ist mehr wert als Geld und Gut. Es ist das Beste, war mir passieren kann. Es ist besser als Gesundheit. Es ist wertvoller als alles Geld der Welt. Dieses Wort hat die Explosionskraft eines Vulkans. Es ist die Schaffenskraft, die aus Nichts alles macht. Damit setzt sich das Leben in aller Verzweiflung durch. Dagegen hat selbst Sterben keine Chance. Dieses Wort putzt mit Jesus die Platte, dass es keine Altlasten mehr gibt, die mir irgendwelche Energien rauben können. Dieses Wort stellt mich in den heutigen Tag und sagt mir: Du bist frei, alles zu erschaffen, zu dem dich dein Herz antreibt. Es schafft, was es sagt. Es schafft damit die allerbesten Voraussetzungen, die ein Leben überhaupt haben kann.

Ist dann „Hauptsache gesund“ wirklich das Beste für uns? Ist nicht das Wort gesünder, das uns mal ordentlich konfrontiert, wenn wir auf dem verkehrten Dampfer sitzen? Ist da sogar nicht manches Unglück gesund, das uns von unserem Irrtum befreit? Das Wort will uns führen, ermahnen, korrigieren und aufbauen. Damit will Gott so dicht wie möglich an unserer Seite sein. Er will mit uns unser Leben erschaffen. Er führt uns in die Kraft der Stille. Er erschließt uns die ganzen Schätze einer anderen Welt. Wir dringen in Lebensgeheimnisse ein, die sonst verschüttet bleiben würden. Das Wort ist das Beste, was uns je passieren kann.

Was wollen wir mehr, wenn das Beste gerade gut genug ist?

Der richtige Sprit

Was recht ist, dem sollst du nachjagen, damit du leben kannst. 5. Mose 16,20

Jeder Mensch hat etwas, was ihn antreibt, hieß ein Werbemotto. Was treibt, wenn die Luft raus ist? Wenn der Motor stehen bleibt, weil der Saft ausgeht, stellt sich die Frage, was zündet den Kolben? Der Glaube ist Treibstoff. Da treibt das, was gut ist. Gut ist alles, was aus Gott kommt. Das Beste für guten Antrieb. Das Spitzenprodukt für ein Leben in allem Widerstand ist Christus. Damit schafft er Gerechtigkeit, die in allem Unrecht nicht stehen bleibt. Es kommt Antrieb in alle Antriebslosigkeit. Weil Leben angefochten ist, weil wir oft nicht wissen wo uns der Kopf steht, weil die Lebensgeister schneller davonfliegen als uns beflügeln, muss uns etwas Stärkeres antreiben. Gerade dort, wo uns das Leben nicht von seiner schönen Seite begegnet, soll es trotzdem stattfinden. Leben soll sich dort durchsetzen, wo es nach Sterben riecht. Um unter dem Kreuz aufstehen zu können, braucht es Auferstehungskraft.

Den Treibstoff für guten Antrieb im Leben gibt uns Paulus: Bleibt im Glauben und weicht nicht von der Hoffnung des Evangeliums. Wenn der Gegenwind uns durch die Luft wirbelt, und der Boden unter den Füßen bodenlos wird, wenn die Sorgen an einem zerren und uns alles auflösen will, – bleibt. Bleibt im Glauben. Bleibt im Wort. Bleibt an der Auferstehungskraft Christi. Dieser Fixpunkt hält das Leben. Daran entscheidet sich Durchkommen oder Untergehen. Nachjagen greift nach diesem Holzpflock auf stürmischer See. Damit kämpfen wir nicht gegen die Wellen, sondern gehen durchgeschüttelt von den Wogen, schnurstracks auf diesen festen Anker zu. Das sichert Leben und Überleben. Greife nach dem Wort, das aufbaut. Vergewissere dich ständig in Gottes Ja, wenn alles gegen dich steht.

Welchen Sprit tanken wir, wenn der Saft ausgeht?

Finde dich nie mit Wenigem ab

Suchet das Gute und nicht das Böse, auf dass ihr lebet. Am 5,14

Irgendwann wird alles gut. Man lebt regelrecht auf Ereignisse zu, bei denen sich alles ändern wird. Auf die Zeit, in der die Kinder groß sind, oder wenn ich erst mal in Rente bin, dann geht's los. Wir wissen genau, da gibt es viel, viel mehr, aber meinen, das geht erst später. Auch wenn die Kinder groß sind, gibt es Aufgaben die uns abhalten, das zu tun, was uns im Herzen brennt. Wenn die Rente da ist, kommt es oft ganz anders als gedacht. Gesundheitliche Beschwerden stellen sich ein, oder gar der frühe Tod des Partners, wirft die ganze Lebensplanung über den Haufen. Wir warten auf bessere Zeiten, die jedoch nie kommen werden. Zumindest nicht von alleine und erst recht nicht im Warten. Amos durchbricht den Irrtum, man muss es halt nehmen wie's kommt. Suchet, dann werdet ihr leben. Suchet das Gute, suchet den Guten, wirbelt alle geregelten und gewohnten Abläufe über den Haufen. Das Leben, zu dem wir gedacht sind, kommt nicht von alleine. Ziele, die wir erreichen wollen, erfüllen sich nicht von selbst. Er versetzt uns in eine Aufregung, bei der wir irgendetwas verloren haben. Wende deine ganze Kraft auf, das ausfindig zu machen, was Gott in dich hineingelegt hat und durch dich erschaffen will.

Wenn eine Person vermisst wird, treten oft Hundertschaften von Polizisten an, um sie zu suchen. Jedoch wenn uns der Alltag auffrisst, was unternehmen wir, das einzigartig Göttliche in uns zu suchen, wozu wir auf dieser Welt sind? Trauen wir uns, bestehenden Abläufen die Stirn zu bieten? Wer sagt denn, dass Geschäfte, die wir gestern gut geführt haben, heute noch gut sind? Suche heißt, alles was ich tue infrage zu stellen, um die Spuren Gottes im Leben zu erkennen. In der Suche nach dem Guten, entfaltet sich das erfüllte Leben heute und nicht erst vielleicht morgen.

Treiben uns die Pflichten, oder ringen wir um das Allerbeste?

Lass deine Nacktheit umarmen

Du, Herr, bist gerecht, wir aber müssen uns alle heute schämen. Dan 9,7

Du hast etwas gemacht, was du total peinlich und beschämend findest. Du hast deinen Erwartungen nicht entsprochen oder glaubst, dass alle anderen es besser gemacht hätten. Vielleicht hat ein anderer dich auch bei einer Schwäche oder Schandtat ertappt, du fühlst dich bloßgestellt und schämst dich. Am liebsten würdest du im Erdboden versinken oder einfach unsichtbar werden. Du verurteilst dich für dein Verhalten und nimmst an, dass andere dich genauso negativ sehen. Die Psychotherapie sagt: Akzeptiere, dass du Mensch bist. Du kannst nicht verhindern, dass du Fehler machst und nicht perfekt bist. Sage dir: „Ich bin bereit zu akzeptieren, dass mir ein Missgeschick passiert ist. Das ist menschlich."

Daniel hat ein starkes Gottesbild und kann daher noch wirkungsvoller und direkter mit Scham umgehen. Sowie du Gott erkennst, erkennst du, wer du selbst bist. Diesem erniedrigenden Gefühl, „Ich hab's mal wieder nicht geschafft, meinen eigenen Vorsätzen treu zu sein" gibt er Gottes Gnadenstoß. Im größten Absacker greift er nach dem Energie-Drink. Gottes Gerechtigkeit hat die Zutaten von Frieden, Liebe und Freude. Das ist weit mehr als eine Überdosis Koffein. Das ist Christus, der dich an der untersten Stufe deiner Scham auffängt. Das löst runterziehende Anklage auf. Das ist Doping, das nicht den Körper schädigt, sondern energetisiert. Christus ist der Liebhaber, der Adam und Eva in ihrer erkannten Nacktheit umarmt.

Wo du um diese Gnade weißt, hast du das beste Mittel, um mit Vorwürfen aller Art klarzukommen. Wo Gott diese Eiterblase für alle Zeiten aufgestochen hat, bist du bereits mitten im Genesungsprozess. Wenn dich die Scham anfallen will, halte ihr die Gnade vors Gesicht. Dieses Wundermittel ist uns anvertraut. Dann brauchst du dich nur noch schämen wenn du dich unnötig quälst, was hätte längst genesen können.

Wenn du anfängst der Gnade zu trauen, welche Wunden könnten damit heilen?

Vertrauen oder abhängen

Ich will euch tragen, bis ihr grau werdet. Ich habe es getan; ich will heben und tragen und erretten. Jes 46,4

Wir meinen, wir hätten es schwer, müssten hart durch, das Leben schenkt uns nichts. Gott sagt: Ich will euch heben, tragen, erretten. Zwei total verschiedene Perspektiven, auf ein und dieselbe Sache. Unsere Beurteilung steht gegen Gottes Realität. Wir fühlen uns von Gott verlassen und er sagt, näher kann ich dir gar nicht mehr sein. Als wir am Glockenturm standen und zuschauten, wie gerade unsere Kirche abbrannte, war Trauer und Entsetzen, war Fassungslosigkeit das augenblickliche Gefühl. Doch noch am Brandabend verwandelte es sich in getragen sein und errettet werden. Unser damaliger Kurator sprach uns das Losungswort zu: Fürchte dich nicht vor plötzlichem Schrecken. Im dunkelsten Moment unserer Geschichte war klar, durch Aschehaufen zieht ein Höherer die Fäden. Hinter schmerzhaften Biografien steht der, der trägt, bis wir grau werden.

Lösen wir uns von dem Gedanken, mich hat es besonders schlimm erwischt. Wenn Gott trägt, dann geschieht das gerade dort, wo uns die Lichter ausgehen. Wenn Gott trägt, wird er es unter allen Umständen herrlich hinausführen. All unsere Härten und Schwierigkeiten liegen nicht außerhalb von dieser Führung. Ich will euch tragen, ist das Garantiesiegel unseres Lebens. Jede Krise will uns in Vertrauen hineinpurzeln lassen. In dunklen Stunden will Glauben reifen. Wo keine Perspektive da ist, ergeht an uns die Frage: Vertraust du, oder hängst du ab? Wo das Leben eskaliert, wo sich Schwierigkeiten die Hand geben, haben wir immer zwei Möglichkeiten. Entweder zu verzweifeln, oder glaubend grau und reif werden.

Wenn Gott treu ist, was hält uns ab, an getragen sein zu glauben?

Untersuche deine Quellen

Wohlan, alle, die ihr durstig seid, kommt her zum Wasser! Jes 55,1

Mach mich glücklich! Ein Motto, mit dem viele heutzutage unterwegs sind. Glücklich sein ist unser Lebensrecht, davon spricht Jesus schon in der Bergpredigt. Doch der kleine Haken an der Sache ist das „mach du mich". Glück wird gefordert. Irgendjemand ist für mein Glück verantwortlich. Ich gehe als Melkmaschine durch mein Leben und sauge andere für mein Glück aus. Ich suche den Traumpartner, der mich glücklich macht. Somit ist der Geliebte nur Mittel zum Zweck, dass sich mein Glück erfüllt. Manch einer ist durch seinen Beruf erfüllt. Kommt er dann in Rente, oder kann er gesundheitsbedingt nicht mehr arbeiten, sitzt er Zuhause, kann nichts mit sich anfangen und geht andern auf den Nerv. Jeder hat Sehnsucht nach Erfüllung, doch die kommt nie von außen.

Menschsein heißt, ich will von etwas erfüllt sein, ich bin eine Person, durch die etwas tönen will. Ich bin ein Instrument, das in Schwingung versetzt werden will, das zum Klingen erschaffen ist. Es ist die Sehnsucht nach Du-Beziehung mit Gott. Mit diesem Durst bist du auf die Welt gekommen. Der Durst nach Glück ist dir in die Wiege gelegt. Jesus sagt: Glücklich sind die, die hungern und dürsten nach dem eins sein mit Gott. Diese Verbindung ist die Quelle deines Glücks. Da erfährst du dein heilig sein, zu dem du berufen bist. Hier bist du ganz. Hier bist du vollkommen. Solange du dein Glück in einem Menschen, in einer Aufgabe, oder in einem besonderen Kick suchst, wird immer dieses fahle, trockene Gefühl im Hals bleiben.

Kommt her zum Wasser, ist die Einladung, deine Quellen zu untersuchen. Was muss alles herhalten, damit du glücklich bist? Du belastest andere, wenn du das, was in deiner Gottesbeziehung liegt, von jemand anderem erwartest. Liege für dein Glück nicht anderen auf der Tasche.

Was könnte sich entspannen, wenn du wirklich an der Quelle ankommst?

Trau dich, das Flüstern zu hören

Vor dem Herrn her kam ein großer und gewaltiger Sturmwind, der Berge zerriss und Felsen zerbrach, in dem Sturmwind aber war der Herr nicht. Und nach dem Sturmwind kam ein Erdbeben, in dem Erdbeben aber war der Herr nicht. Und nach dem Erdbeben kam ein Feuer, in dem Feuer aber war der Herr nicht. Nach dem Feuer kam das Flüstern eines sanften Windhauchs. 1. Kön 19,11-12

Zur Zeit von Elia glaubten die Leute an einen Donnergott oder an einen Gott des Feuers. In Naturgewalten offenbarte sich für sie himmlische Macht. Die Erde musste beben um das Erhabene zu erfahren. In dem Bedrohlichen sahen sie das Größere über sich. Doch Elia stellt den Unwettergöttern ein völlig anderes Gottesbild entgegen. Nicht rohe, unberechenbare Gewalt, sondern ein hauchzartes Wehen.

Der Gott, der sich übermächtig zwischen Himmel und Erde bewegt, flüstert mit dem Menschen. Er bläst ihm den Odem ein, heißt es bei der Erschaffung. Er haucht ihm seinen Geist ein. Hauch Gottes ist der Lebenssaft, der durch unsere Adern fließt, ist der Herzschlag, der in uns pulsiert. Von der Haarspitze bis zum kleinen Zeh fließt das Flüstern eines sanften Windhauchs. Gottes Geist belebt uns schon längst von innen. Dieser Geist ist das Fluidum in das wir regelrecht eingehüllt sind. Wenn wir Gott suchen, sagt er wie der Igel zum Hasen: Bin schon da. Als Jesus die Welt verlassen hatte, sagte er: Ich bin nicht weg, der Geist wird euch leiten. Hauchzart ist Gott immer mitten unter und in uns.

Gottes Geist will sich in uns entfalten. Er will beben, will Feuer entzünden, er will leben, lieben und die Welt bewegen, ist so hautnah an uns dran und findet doch kaum Gehör. Wir sind so laut, so beschäftigt, so umtriebig. Wir feiern Advent, um uns auf das Kind vorzubereiten, das in uns geboren werden will, und werden vom Konsum durch die Geschäfte getrieben.

Wo werden wir still, um das Flüstern des Geistes zu hören?

Tanze aus der Krise

Du hast mir meine Klage verwandelt in einen Reigen, du hast mir den Sack der Trauer ausgezogen und mich mit Freude gegürtet. Ps 30,12

Manche Wege sind knallhart, die Entspannung darüber umso befreiender. Zur Zeit Jesus waren zehn Aussätzige, die gesund wurden. Aussatz war nicht nur hoch ansteckend, sondern das Aufgefressen werden vom eigenen Körper. Das hieß, weit weg von aller Zivilisation, von Frau, Kindern, Freunden und Arbeit. Man war innerlich und äußerlich halbtot. Wer davon gesund wurde, der konnte nur vor Freude tanzen und so schnell wie möglich wieder zu seinen Liebsten laufen. Na klar, Jammer weg, Glück da. Bis auf einen, der weglaufen wollte und wieder zurückkam, um Gott zu danken. Er sah plötzlich hinter seinem gesundheitlichen und emotionalen Umbruch den lebensschaffenden Schöpfer. Eigentlich hätte er gar nicht mehr die Kurve gekriegt, das war ein Anderer. Da hat ein viel Höherer hineingefunkt. Damit war sein Glück noch viel größer. Er dankte nicht nur die Krise überstanden zu haben, sondern für die Krise selbst. Diese ekelhafte Krankheit war nötig, etwas viel wichtigeres als Gesundheit kennenzulernen. Er entdeckte das wahre, umfassende Leben aus Christus.

Der, der die Klage in einen Reigen verwandelt, ist der, der uns aufwecken will. Wo sich etwas Grundlegendes ändert, ist die Krise der Impuls dazu. Es wird sich nichts ändern, wenn das Leben keine Engpässe kennt. Das weiß jeder Geschäftsmann. Erst wenn ich wirtschaftlich kurz vor dem Abkippen bin, werde ich bereit, bisherige Strukturen über den Haufen zu werfen und Neues zu wagen. Die Krise ist Auslöser für Reigen. Die Krise ist es, in der wir kapieren, was zum Leben führt. In dunkelsten Stunden wird befreiender Glaube geboren.

Können wir darüber danken, dass uns die Krise zum Tanzen führt?

Frieden fängt bei mir an

Der Herr wird zurechtweisen viele Völker. Da werden sie ihre Schwerter zu Pflugscharen machen und ihre Spieße zu Sicheln. Jes 2,4

Vor dem Gebäude der Vereinten Nationen in New York steht das Denkmal eines kräftigen Mannes, der sein Schwert zur Pflugschar umschmiedet. Zeichen dafür, Menschen wollen keinen Krieg, weil er nur Blut und Tränen bringt. Doch Frieden schaffen geht nicht durch Menschen, nicht durch Kraft und Gewalt, nicht durch Intelligenz und Verhandlungsgeschickt und auch nicht dadurch, dass ihn die einen von den anderen fordern. Frieden ist Weihnachten, wo Gott auf die Erde kommt. Engel verkünden den Frieden, den Gott in die Welt pflanzt. Frieden beginnt, wo ein Mensch zur Krippe für Christus wird. Gott polt damit all unsere Vorstellungen von Frieden um. Im Umgang mit Konflikten, muss nicht Frieden gemacht werden, sondern Christus und das Wort kommen. Frieden beginnt nicht mit veränderten Strukturen, sondern in veränderten Menschen. Dieser veränderte Mensch bin ich.

Frieden auf Erden, fängt dort an, wo ich mein Kriegsbeil begrabe und nichts vom anderen erwarte. Frieden kommt nicht von außen, sondern wo meine ureigensten Aggressionen verwandelt werden. Frieden beginnt mit dem Umgestaltungsprozess in mir. Dort wo mein „Ja-Aber" gebändigt wird und ich nicht mehr zuschlage, wenn ich geschlagen werde. Frieden ist die große Freiheit, dass ich entscheide, wie ich mit dem bösen Reiz, der mich herausfordert, umgehe. Wo Christus wohnt, habe ich die Verantwortung für meine Reaktionen übernommen. Wo mich ein anderer verletzt, brauche ich ihn nicht mehr automatisch verletzen, weil Frieden ein Ereignis in mir ist. Wo Gott wohnt ist Friede, den keiner machen kann.

Lebe ich im Wort, oder werfen mich verletzende Worte aus der Spur?

Schenke deinen Sorgen Ruhe

Bis hierher hat uns der Herr geholfen. 1. Sam 7,12

Als ich mir vor über dreißig Jahren vier Finger an der rechten Hand absägte, war meine einzige Sorge, nicht mehr arbeiten zu können. Ich dachte, nun kannst du dich nirgends mehr aktiv beteiligen, nicht mehr schreiben und nichts mehr greifen. Doch schon drei Wochen nach der OP zog ich einen Handschuh über die kaputte Hand und arbeitete damals am Bau unserer Kirche und des Schauspielhauses wieder mit. Auch wenn die übrig gebliebenen Reste dem Fassungsvermögen einer Kinderhand entsprechen, war es die Hand, die nachher im Blumenhaus die Sträuße ab 80 Rosen aufwärts binden durfte. Wo uns die Lichter ausgehen, ist noch lange nicht dunkel.

Dass du jetzt diese Zeilen liest, zeigt ein gewaltiges Phänomen: Du hast bis hierher die schlimmsten Krisen deines Lebens überstanden. So hart die Unglücke und so bitter alles menschliche Leid war: Du lebst. Allen Verlusten ist es nicht gelungen, dich unter den Boden zu bringen. Da ist einer, der will, dass du bist. „Bis hierher hat Gott geholfen", zeigt, dass der Lebenswille Gottes stärker als das Schicksal ist. Bis hierher hat es kein Elend geschafft, dir die Luft abzudrehen. Kein Brand, keine Kreissäge, keine Beziehungskrise und kein offenes Grab, an dem du gestanden bist hat es geschafft dich auszulöschen. Gott ist größer als jede Katastrophe. Du bist nicht vom Übel bestimmt, sondern von dem, der über das Übel bestimmt. Die Wege über das Kreuz führen zur Erlösung.

Damit entspannt sich aller Stress, den wir uns täglich machen. Paulus sagt: „Wir sind von allen Seiten bedrängt, aber wir ängstigen uns nicht. Uns ist bange, aber wir verzagen nicht. Selbst wenn alle Lichter ausgehen, kannst du aus dieser Erfahrung schöpfen und tief durchatmen. Du ruhst in einem tiefen Schoß, der dich in allen Stürmen ruhig werden lässt."

Welchen sorgenvollen Gedanken könnte ich damit heute Ruhe schenken?

Versagen ist weg

„Meine Schuld ist mir über den Kopf gewachsen; sie wiegt zu schwer, ich kann sie nicht mehr tragen." Ps 38,5

Schuld muss nicht Bathseba heißen, wie bei König David, der für eine attraktive Frau seinen besten Feldherrn über die Klinge springen ließ. Doch Schuld kann an das Gewissen hämmern, dass an Ruhe nicht mehr zu denken ist. Da läuft ein inneres Riesenrad ab, mit auf und ab, mit heiß und kalt. David sagte irgendwann: Als ich es verschweigen wollte, verschmachteten meine Gebeine. Er ging förmlich in die Knie, bis er zu der Einsicht kam: Ich bin der Mann. Quälende Schuld, ein pochendes Gewissen, will nur eines, dass wir darunter unser ohne-Gott-sein erkennen. Das Erschrecken über sich selbst ist eine heilige Stunde. Wo ein Belasteter zerknirscht in Staub und Asche versinkt, und sich seiner Schuld bewusst wird, kniet er vor dem Altar. Sich selbst erkennen ist Gottesbegegnung. Wo ein Mensch an sich zerbricht, fangen ihn gleichzeitig zwei starke Hände auf. Wo Schuld zum Gebet wird, fängt ein anderer an die Last zu tragen.

Bonhoeffer sagt: „Wo anders sollen wir Gnade suchen für alle Untreue, allen Kleinglauben, alles Versagen als in der Niedrigkeit Gottes in der Krippe." Darin liegt die Architektur des Lebens, dass im Stall von Bethlehem jeder Mensch sich selbst wieder bejahen kann. Schuld schleicht nicht mehr nach, sondern hat einen Abnehmer gefunden. Wer Gnade findet, hat keinen Grund mehr an sich selbst zu verzweifeln. Da kann passiert sein was immer passieren kann, die Anklage ist weg. An der Krippe können wir aufatmen und all das Nagende in uns abhaken. Diese befreiende Kraft steht über allem Versagen und Unglauben.

Wenn Kleinglaube weg ist, was will uns dann über den Kopf wachsen?

Flüchte in den Bunker

Der Herr ist mein Fels und meine Burg und mein Erretter 2. Sam 22,2

Keiner will Streit, doch ein Wort gibt das andere und schon haben wir den schönsten Krach im Haus, sagte jemand, als er seine Ehe beschrieb. Beziehungsdramen füllen Romane und Kinoleinwände. Stiche, die verletzen, Worte, die verwunden lauern hinter jeder Ecke. Um zu überleben brauchen wir keine besseren Waffen, sondern besseren Schutz.

Das Schloss Lichtenstein, ganz in unserer Nähe, ist nicht nur ein malerisches Ausflugsziel, sondern der klassische Anblick von Burg auf Fels. Bildschön und sicher. Auf senkrechten Felsen des Albtraufs thront ein uneinnehmbares Schmuckstück. Für Zeiten erbaut, als Kämpfe noch von Mann zu Mann ausgetragen wurden. Heutzutage verletzen uns viel mehr verbale Attacken. Mobbing am Arbeitsplatz, Cyber-Angriffe aus dem Internet, oder unerträgliche Sticheleien in der Beziehung. Jeder braucht Schutz, um nicht in der Anstalt zu landen. Samuel bringt es auf den Punkt. Gott als majestätische Festung, der rettet. Doch wo steht diese Burg?

Paulus sagt: Auf ihn hoffen, rettet uns. Auf den Retter hoffen, wirft den Anker auf Christus. Diese Hoffnung entsteht in mir. Die Burg kommt also nicht von außen, Schutz manifestiert sich in uns. Nach einem schwierigen Mitarbeitergespräch, bei dem es Vorwürfe ohne Ende hagelte und die Enttäuschung mich tief verletzte, ging ich nicht einfach zur Tagesordnung über. Eine Situation, in der ich äußerlich noch ruhig bleiben konnte, jedoch innerlich alles brodelte. Kurzer Rückzug ins Büro, dann lang und tief atmen und das Loslassgebet. Im Aufblick zu Gott habe ich mich Stück um Stück von Beschuldigungen gelöst. Ich wurde wieder ganz ruhig, konnte die Verletzungen ablegen und war wieder geschäftsfähig. Schutz ist ganz nahe.

Wie retten wir uns noch viel schneller in diesen Bunker?

Vergiss die Perle nicht

Hüte dich nur und bewahre deine Seele gut, dass du nicht vergisst, was deine Augen gesehen haben. 5. Mose 4,9

Unvergessen bleibst Du uns, ist ein häufig gewählter Ausspruch auf Kranzschleifen. Man will einen geliebten Menschen in bester Erinnerung behalten. Es bleibt etwas lebendig, auch wenn jemand hinausgetragen wird. Wir leben aus der Erinnerung. Unsere Haut vergisst nichts und erinnert sich noch nach Jahrzehnten an den Sonnenbrand in der Kindheit. Unser Unterbewusstsein hat alle positiven und dramatischen Erlebnisse gespeichert und steuert damit unsere jetzigen Handlungen. Nichts ist für immer vorbei, auch wenn wir längst nicht mehr daran denken. Doch wir sind geprägt davon. Daher ist ein bewusster Umgang mit unserer eigenen Geschichte, das Aushängeschild für das, was wir heute sind. Unsere Seele ist das Organ, das sich an Gott erinnert. Sie weiß woher sie kommt und wohin sie geht. Sie ist es, die Leib und Geist über sich hinaushebt. Die Seele weiß, sie ist für die Ewigkeit geschaffen. Sie verbindet unsere Existenz mit Himmel und Erde. Sie ist die Schale der Gottergebenheit.

Hüte und bewahre diesen Schatz gut. Vergiss nicht, was dich in der Tiefe ausmacht. Deine Augen haben gesehen, wie dir das Geschenk deines Lebens in die Hände gelegt wurde. Was du bist und hast kommt aus diesem Geheimnis. Deine Seele kennt den Christus, der unter allen Umständen zum Leben führt. Freude und Erfüllung sollen dich ein Leben lang verfolgen. Diese Erfahrung lebt in dir. Sie will dich prägen, formen und gestalten. Sie will der Programmcode deines Lebens sein. Hüte daher diesen Schatz, als das Wertvollste, das dir gegeben ist. Vergiss nicht die Perle, die schon lange in dir liegt.

Kann man sehen, dass deine Seele nicht vergisst, was ihr geschenkt ist?

Du bist ein Bildermacher

Wie groß sind Gottes Zeichen und wie mächtig seine Wunder!
Sein Reich ist ein ewiges Reich, und seine Herrschaft währet für und für. Dan 3,33

Irgendwann hatten wir mal das Bild im Kopf – ich sitze im Auto und fahre wohin ich möchte. Das Bild trieb uns an zu sparen, Fahrschule zu machen, Fragebögen auszufüllen und Fahrstunden zu nehmen. Sollten wir je durch die Prüfung gefallen sein, haben wir nicht gesagt, jetzt ist Schluss, sondern das Bild vom Fahren hat uns animiert, weiterzumachen. Die Bilder, die wir erschaffen, werden zu unserer Zukunft.

Gott ist ein meisterhafter Bildermacher. Er pflanzt Bilder von seinem unvorstellbaren Reich in uns ein. Dabei ist er in keiner Weise zimperlich. Er malt solch große Bilder vom Miteinander der Menschen, vom fruchtvollen Paradies, von einem Leben, das nie zu Ende geht, dass es uns schwummrig vor den Augen wird. Bei diesen Bildern könnte man meinen, Gott sei ein absoluter Phantast und ein Träumer, der keine Ahnung von der Realität hat. Doch er hört nicht auf zu sagen: Du bist ein Wunder, du bist Licht, du bist Salz, das Leben hier und jetzt prägt. Gott muss irgendwo verrückt sein, den Menschen solche Bilder aufzumalen. Er hat wohl vergessen, dass wir Menschen dieser Erde sind und unsere Hände nach Schweiß und Blut riechen. Doch das ist Gnade, dass er die Messlatte weit nach oben hängt, um sein Reich in Herrlichkeit zu erschaffen.

Seine Zeichen, seine Wunder dehnen unseren Geist. Christus dreht die Verhältnisse um; nicht von der Erde hinauf zum Himmel, sondern vom Himmel herab auf die Erde. Wir mühen uns nicht ab um immer besser und heiliger zu werden, sondern wir kommen von dem Bild, dass wir bereits heilig sind. Wir kommen von der vollendeten Schöpfung und erschaffen daraus unsere Tage. Mit diesem Bild werden wir das, was sich Gott mit uns vorgestellt hat. Damit erschaffen vergängliche Menschen das ewige Reich und werden dabei verwandelt.

Wenn wir glauben, es ändert sich sowieso nichts, welches Bild steht da dahinter?

Welche Bild hilft uns, eine großartige Zukunft zu erschaffen?

Ergreife das Aber

Du hast Menschen über unser Haupt fahren lassen, wir sind durch Feuer und Wasser gekommen Aber du hast uns herausgeführt und erquickt. Ps 66,12

Jeder kann ein Lied davon singen, was er in seinem Leben durchgemacht hat. Von dem schönsten Sonnenuntergang bleibt nicht viel übrig, wenn der Arzt sagt: Noch sechs Monate. Die Kontraste des Lebens können in den Wahnsinn treiben und den Eindruck vermitteln, wir sind die hoffnungslos Ausgelieferten. Doch diesem Gefühl steht ein fettes ABER gegenüber.

Bei allen Anfeindungen, die sich Menschen antun, bei allen Katastrophen, die über uns hereinbrechen, bleibt eines, – wir leben noch. Allein die Geschichte der Blumenmönche ist ein einziges Wunder. Als schulentwachsene Jungscharbuben ein Werk in Millionenhöhe geplant haben, war das Kopfschütteln abartig. Das Ordenshaus und die Kirche waren dann gut zwanzig Jahre nach der Entstehung ein verkohlter Trümmerhaufen. Bei Hochwasser, war die Hauskapelle ein Badesee mit Wasserfall. Hagel hatte die Gewächshäuser zu einem gespenstischen Gerippe auf Splitterbergen gemacht. Und wir leben und lachen noch. „Aber du hast herausgeführt und erquickt“, ist die schöpferische Opposition zu Katastrophen. Die Aber-Führung stellt alles bisher Dagewesene in den Schatten. Das Aber ist die Gottesliebe zum Leben und seine Rebellion gegen das Sterben.

Der Glaube greift nach dem Aber. In unseren Gedanken entstehen durch Glauben Trotz-Gene. Glaube produziert in uns Auferstehungshoffnung, die sich nicht von äußeren Einflüssen einschüchtern lässt. Durch den Glauben schafft Gott in mir Glücksgefühle im Übel. In mir wird der Schalter umgelegt, um unter verkohlten Balken aufzustehen. Der Glaube ist das Instrument, das Leiden und Lachen verbindet.

Ergreifen wir das Aber oder bleiben wir in der Opferrolle?

Verschwende dich hemmungslos

Dein Herz soll sich's nicht verdrießen lassen,
dass du deinem armen Bruder gibst. 5. Mose 15,10

Eine Kundin kaufte gestern mehrere Sträuße und verschiedene dekorierte Pflanzen. „Die möchte ich alle verschenken!" Sie strahlte dabei und sagte: Ja, ich bin glücklich, weil ich andere glücklich machen darf. Dabei hatte sie erst vor ein paar Jahren ihren Mann im besten Alter verloren und wäre selbst bei einer schweren Krankheit schier drangeblieben. „Ich hatte sehr schwere Zeiten, mit unerträglichen Schmerzen; ließ mir kaum Schmerzmittel geben, weil ich spüren wollte, dass ich noch lebe. Doch diese schwarzen Jahre haben mich reich gemacht."

Oft offenbaren die Verlust-Stunden größten Reichtum. Das Geheimnis von Überfluss ist nicht das viel haben, sondern das viel geben. Überfluss fließt über. Er kommt und fließt weiter. Er ist die Rechenart der Liebe. „Die Liebe ist das Einzige, das wächst, wenn man es verschwendet." Es ist Wesensart Gottes. Sein Reichtum liegt darin, dass er sich ohne Ende verschwendet. Wer Samen aufs Land streut, erntet hundertfache Frucht. Wer reich macht, wird reich. Wer zuhält, bleibt arm. Wo der Segen ausbleibt, klagt die Frage: Was halten wir fest? Gott will bei uns den Stöpsel ziehen, damit wir ins Fließen kommen und umso mehr Gaben uns zufließen können. Er verschwendet an uns mehr als genug, um noch den armen Bruder neben uns mit zu beschenken.

Arm ist das Herz, das dicht macht. Die Angst, zu kurz zu kommen, bringt Überfluss ins Stocken. Das verzagte und verdrossene Herz blockiert den Segen, der fließen will. Die Welt wird dadurch arm, wenn es das Licht am 4. Advent nicht schafft, eisige Herzen zum Schmelzen zu bringen.

Was hindert uns, uns hemmungslos zu verschwenden?

Trotze den Krisen

Ich glaube aber doch, dass ich sehen werde die Güte des Herrn im Lande der Lebendigen. Ps 27,13

Wer so spricht: Ich glaube aber doch, rebelliert gegen seine wahre Wirklichkeit. Da sieht die Umgebung nicht gerade nach Honigkuchen und Zuckerschlecken aus. Da riecht es eher nach Verwesung, als nach Glück. Doch in dem „ich glaube aber", greift einer nach den Sternen, greift einer durch die Nacht zum Licht. Der Glaubende ist nicht Opfer widriger Umstände. Er ist in keiner Situation der Ausgelieferte, dem es richtig dreckig geht und dem das Leben übel mitspielt. Glaube heißt Aber. Glaube heißt trotzdem. Glaube heißt, ich bin verantwortlich für mein Leben. Sowie ich „aber" spreche, widersetze ich mich der augenblicklichen Situation. Der Glaube sieht zwar all die Schwierigkeiten die ihn aushebeln wollen, doch er akzeptiert sie nicht, weil er die Güte sieht. Das Gute ist Christus. Er ist lebendig unter all den Sterbenden. Er ist der Widerspruch zur Finsternis. In allem Übel fehlt es nicht an Güte, es sprudelt Frische ohne Ende und es gibt Millionen von Sternen über unserem Horizont.

Elend beginnt dort, wo wir dem Jammer nicht trotzen. Unser Aber dient mehr unseren Ausreden als dem Kampfgeist. Aber da kann ich sowieso nichts machen, ist der Frosch vor der Schlange. Dieses Aber versteckt sich hinter Hilflosigkeit. Es ruft hinaus: Das Leben hat mich hart getroffen, ich habe es besonders schwer. Danach versinkt alles im Frust. Das Aber des Glaubens greift nach den Sternen, schöpft aus der Quelle und findet sich nicht ab mit dem was ist. Da singen Paulus und Silas mitten im Gefängnis Loblieder, dass es die Knasttüren aus den Angeln haut. Ich glaube aber, übernimmt die Verantwortung für das Leben, das alle Grenzen sprengt.

Was passiert, wenn wir in der Krise sagen: Ich glaube aber?

Schreie nach Glauben

Aus der Tiefe rufe ich, Herr, zu dir. Herr, höre meine Stimme! Ps 130,1-2

Ein Mensch im Aus. Da hilft nur noch der Gang zum Insolvenzverwalter, oder zum Psychiater. Menschen sacken ab. Auch Glaubensmenschen kennen Dürrezeiten; zuerst Zeiten des Aufbruchs, des Blühens und Segens und dann verliert der Glaube seine gestaltende Kraft. Die Jünger sitzen im Boot. Es war nachts, oder frühmorgens, zwischen 3 und 6 Uhr und stockfinster. Sie machten ihre Arbeit und waren übermüdet. Ihr Meister war nicht mit dabei, weil er sich eine Auszeit gönnte. Eine recht trostlose und erfolglose Situation. Plötzlich Geisterstunde. Da schwebte ein Gespenst übers Wasser. Sie zuckten zusammen und hatten Angst. Doch dann die Stimme: Seid getrost, ich bin's; fürchtet euch nicht! Diese Worte Jesu hatten solch eine Kraft, dass Petrus ihm spontan auf dem Wasser entgegenlief. Er war mutig genug, etwas völlig irrationales zu tun. Das funktionierte so lange, bis ihn seine Selbstzweifel einholten und er auf das Wasser unter seinen Füßen achtete. Dann der Absacker; das Wasser stand ihm bis zum Hals. Hilfe! Eindrücklicher kann man die Geschichte von Tiefe, Angst, Hilfeschrei und Glaube kaum erzählen, als es Matthäus tat.

Wenn wir Tiefen betrachten, sind es Momentaufnahmen zwischen Untergehen und auf dem Wasser gehen. In der Tiefe werden wir bereit nach Glauben zu schreien. Wir müssen untergehen, wir müssen an unsere totalen Grenzen kommen, um nach Hilfe zu schreien. Gott will uns zu der Erfahrung führen, dass Wasser im Glauben trägt. Er fordert uns heraus, einen Mut zu entwickeln, der an menschlichen Wahnsinn grenzt. Unsere Tiefen sind nicht unser Untergang, sondern der Ort, an dem Jesus unseren Glauben sucht.

Erkennen wir in der Tiefe was geht, wenn wir nach Glauben schreien?

Umziehen in ein gutes Zuhause

Sie sollen mein Volk sein, und ich will ihr Gott sein;
denn sie werden sich von ganzem Herzen zu mir bekehren. Jer 24,7

Welch eine Ruhe kam über die Blumenmönche, als sie ein Jahr nach ihrem Großbrand wieder in ihr neues Haus einziehen konnten. Ein Jahr lang zerstreut gewohnt und Tagesabläufe improvisiert. Die Rückkehr war eine Wohltat. Die ganze Unruhe fand Frieden. Da wurde etwas stimmig. Herzen haben Heimat gefunden. Es war tiefes Aufatmen nach stressreicher Zeit. Dieses Gefühl will Gott allem Leben geben. Dasein soll ein Herz und eine Seele mit Gott sein. Er gibt sein Wort, er gibt Christus als die neue Wohnung. Er setzt alles dran, dass wir in unseren Turbulenzen umziehen in unser eigentliches Zuhause. Umkehren ist das Zurückkehren an den Platz, an dem das aufgescheuchte Dasein zur Ruhe kommt. Wo Gott unser Gott ist, und wir sein Volk, haben wir Heimat und den Platz unserer Bestimmung gefunden. Da sind wir in einem Kraftfeld angekommen.

Wir wissen, wie mürbe es macht, wenn das Zuhause nicht stimmt. Stress in der Familie und Partnerschaft bringt das ganze Leben in Schieflage. Da ist der Gedanke an das nach Hause kommen der reinste Horror. Die innere Ruhe und Ausgeglichenheit ist weg, da werden die Gedanken von den Konfliktpunkten gefoltert. Umso wichtiger ist in solchen Situationen der Umzug in das wahre Zuhause, in dem dieser Stress zur Ruhe kommt. Wo ein Herz dort ankommt, hat es die Kraft aufrecht durch Unruhe zu schreiten. Wo wir im Wort zuhause sind, verliert die Ohnmacht ihre Macht. Das Zuhause entscheidet, ob in uns Friede wohnt aus dem wir schöpfen, oder Unfriede uns erschlägt. Wo wir in unser Haus heimkehren, können wir uns mit Vollmacht unseren Herausforderungen stellen.

Das neue Haus steht bereits, wollen wir da nicht umziehen?

Liebe die innere Stimme

Tu, was dir vor die Hand kommt; denn Gott ist mit dir. 1. Sam 10,7

Viele treibt die Frage um: Wie erkenne ich, dass ich berufen bin? Da ist die leise Ahnung, da ist doch was, ich spüre, dass Gott mich für etwas ganz bestimmtes haben will. Wenn nur das Ganze etwas einfacher und klarer durchschaubar wäre. Ich hätte gern ein Wort oder einen Menschen, der mir einen Tipp gibt. Irgendwo müsste ein Schild stehen, wie vom Albverein → Richtung Gipfel. Solch einen Wegzeiger bekommen wir heute.

Erstaunlich daran ist, dieser Hinweis zeigt auf etwas ganz Naheliegendes. Kein Spickzettel, auf dem geschrieben steht: Strebe das Amt des amerikanischen Präsidenten an. Zunächst überhaupt nichts Spektakuläres, sondern schlicht, tu, was dir vor die Hand kommt. Das ist alles. Doch genau das hat es in sich. Es beginnt in meinem nächsten Umfeld. Es entsteht aus meinem Lebens-, Denk-, und Arbeitsvollzug heraus. Was mir vor die Hand kommt, ist das, womit ich umgehe, was mir begegnet. Es heißt, das „Normale", das was sich eingespielt hat, haarscharf und hellwach zu beobachten. Unscheinbare Augenblicke können Lichtmomente werden. Es sind die Stellen, in denen wir den inneren Eindruck haben, da redet etwas mit mir. Plötzlich ist da die Intuition – besuche diesen Menschen, überlege dir, ob der Job, den du hier machst, noch der richtige für dich ist, oder, oder …

Diese Stimme kennt jeder. Sie ist nicht unbedingt angenehm, weil sie unsere Kreise stört. Es beginnt die innere Diskussion, in der wir oft die besten Argumente auftischen, weshalb das jetzt überhaupt nicht geht. Diesen Dialog gilt es aufzuspüren. Beobachten wir mal die Gründe die aufsteigen, wenn diese Stimme redet. In diesem sanften Reden wird uns etwas vor die Hände gelegt. Wenn dabei noch die Angst aufsteigt, wissen wir, was wir zu tun haben, denn dann ist Gott mit dir.

Wie wäre unser Leben, wenn wir dieser inneren Stimme ab jetzt viel liebevoller zuhören würden?

Werde unendlich weit

So kehrt nun um von euren bösen Wegen. Warum wollt ihr sterben? Hes 33,11

Der Prophet Hesekiel will in politischen Auseinandersetzungen ein Leitbild für das Volk erstellen. Wo er die Frage nach dem Sterben stellt, fragt er eigentlich: Wofür lebst du? Für was willst du am Ende gelebt haben? Du entscheidest, ob du dich für ein gutes Erbe abrackerst, das an die Kinder und Enkel übergeht. Du entscheidest, ob du dir Ruhm und Ehre gönnen willst. Du bestimmst, ob du zu einem Menschen geworden bist, der unter Gott gewachsen ist und andere mit seinen Gaben bereichert hat. Vor diese Entscheidung werden wir jeden Morgen neu gestellt.

Morgens wenn wir aufstehen, treffen wir die Absicht für den heutigen Tag. Entweder wir machen es wie gestern und erfüllen die Aufgaben, an die wir gestellt sind, oder wir nehmen den Tag als Geschenk, bei dem ich mich frage: Was ist heute meine Absicht? Für was möchte ich leben und für was sterben? Inwieweit öffne ich mich der Führung des Heiligen Geistes, der mein kleines Ego in die göttliche Unendlichkeit stellt? Wenn die Bibel von Umkehr spricht, ist es die Frage, inwieweit wir in unserem begrenzten Menschsein leben wollen, oder bereit sind für das größte Abenteuer des Geistes. Inwieweit wir uns im kleinbürgerlichen Denken bewegen, oder offen werden für eine unvorstellbare Dehnung unseres Geistes, der sich in den grenzenlosen Möglichkeiten Gottes bewegt. Umkehr heißt, sich in das Alles-ist-möglich-bei-Gott zu stellen.

Wo wir an unser Ende denken, geht es immer um diese elementare Frage: Habe ich aus mir heraus gelebt, oder aus dieser unerschöpflichen Quelle? Durfte mich der Geist Gottes unendlich weit machen, oder blieb ich in meinen Vorstellungen gefangen? Umkehren ist unsere wahre Erlösung.

Wo drücken wir uns vor der großartigsten Erweiterung unsers Lebens?

Das Kleine ist stärker

Und du, Bethlehem Efrata, die du klein bist unter den Tausenden in Juda, aus dir soll mir der kommen, der in Israel Herr sei, dessen Ausgang vom Anfang und von Ewigkeit gewesen ist. Mi 5,1

Ein Kuhstall für ein Königreich. Wir brauchen ein starkes Weihnachtsbild, um im täglichen Schlamassel genug Hoffnung zu haben. Gott wählt das Kleine, um Größe zu zeigen. Er wählt ein Kind in der Futterkrippe, um die Mächtigen dieser Welt Lügen zu strafen. Er greift sich einen kleinen Hirtenjungen, der mit einer Steinschleuder einen Bär von Krieger niederstreckt. Mit Lichter und Gebeten zieht er sowjetische Panzer zurück. Mit 10 schulentlassenen Habenixen baut er das millionenschwere Werk der Blumenmönche. Gott ist auf keine Macht dieser Welt angewiesen. Was strampeln sich die Menschen ab, was für ein Aufbäumen der Mächtigen, was für ein Säbelrasseln des Bösen, und Gott lacht. Im kleinen Bethlehem verherrlicht sich der Schöpfer des Himmels und der Erde.

Welches Gewicht haben da unsere Probleme? Welches Potenzial liegt da in der schlimmsten Herausforderung, die uns zu schaffen macht? Im größten Engpass haben wir die besten Voraussetzungen, etwas zu erschaffen, was alles bisher Gedachte übersteigt. David hatte mit seiner Schleuder alles in der Hand, um einen Goliath zu erlegen. Er musste nur mit seiner Einstellung und Angst fertig werden. Mit der Angst vor dem Großen, Angst vor dem Schwert, Angst vor geballter Stärke, die ihm gegenüber steht. All diese Ängste sind jedoch bedeutungslos, wenn ich dem vertraue, was ich habe; Steinschleuder und Glaube. Wir müssen wissen, dass das Kleine reicht, um mit Großem fertig zu werden. Mit ein bisschen Glauben brauchen wir vor nichts und niemandem zurückschrecken.

Wo müssen wir unsere Einstellung ändern, damit alles möglich wird?

Glänze im Schrecken

Ich, der Herr, bin dein Heiland, und ich, der Mächtige dein Erlöser. Jes 60,16

Vor Jahren hatten wir im Sommer ein Gewitter mit Hagelkörnern, so groß wie Tennisbälle. Binnen fünfzehn Minuten waren unsere Gewächshäuser eine Glasscherbenwüste. Vor unseren Häusern waren bepflanzte Tröge mit großen rosa Begonien, jämmerliche Strünke, ohne Blüten, mit zerfetzten Blättern und kahlen Stielen. Während wir über unser Trümmerfeld klagten, schockiert waren und viel Arbeit auf uns zukommen sahen, waren die Begonien ganz still. Man hörte kein Winseln. Wir dachten, die sind jetzt Kompost und da müssen Neue rein. Doch schon nach einer Woche sah man in den Blattachseln kleine frische Triebe. Ohne viel Aufsehens kamen sie wieder zum Blühen. Mag sein, dass das Leben in vielen Fällen ungerecht ist, es ist jedoch immer die Fülle in Potenz.

Wo Gott sein „Ich bin“ spricht, liegt auf der Erde eine Urgewalt. Da ist eine Kraft, die um das zigfache stärker ist, als alle Kriege zerstören können. Schöpfung ist auf „heil werden“ programmiert. Weil Leben unauslöschlich ist, wird es sich immer wieder durchsetzen. Das Austreiben ist machtvoller, als alle Vernichtungsgedanken der Menschheit. Hinter allem, was dich erschreckt und niederwirft, ist eine fürsorglich ordnende und zurechtbringende Hand, die tröstet und aufhebt. Das Wohlwollen zum Guten ist der Klang des Universums. Die Absicht, dass Leben unter allen Umständen herrlich wird, ist das Trotzdem Gottes gegen die Scherbenhaufen. Wer will uns scheiden von der Liebe Christi?

Dieses Wohlwollen umarmt dich in deinem Hagelschaden. Das, was dich jeden Morgen neu wachkitzeln will, ist mächtiger als dein Schmerz. Der Saft der Genesung fließt, auch wenn dein Blühen ausgesetzt hat. Es ist alles da, dass du in jedem Schrecken vollen Glanz bekommen kannst.

Welche Kraft würde heute freigesetzt werden, wenn du darauf vertraust?

Lebe die kreative Spannung

Meine Tränen sind meine Speise Tag und Nacht, weil man täglich zu mir sagt: Wo ist nun dein Gott? Ps 42,4

Glaubende träumen von einem Leben in Kraft, Liebe und Erfüllung. Es stehen wunderschöne Bilder vor Augen wie die Verheißungen Gottes wahr werden. Gleichzeitig sehen wir hellwach, dass da, wo wir gerade leben alles anders aussieht. Da sind Corona-Krisen, wirtschaftlicher Stress, in Beziehungen knistert es und im gemeinschaftlichen Leben menschelt es nur noch. Wo ist nun dein Gott? Wo ist der Traum deines Lebens?

Glaube lebt in der Spannung der zwei Welten. Da ist unsere reale Welt, an der wir uns die Zähne ausbeißen, in der Leid kein Ende nimmt, und da ist immer die Welt Gottes, die so ganz anders aussieht. Welche gilt denn jetzt? Ist das Großartige, das Gott verheißt nur billiger Trost, um das Andere besser zu ertragen? Das würde dann heißen, ich habe hier nichts zu hoffen und muss mich eben mit dem Elend abfinden und gute Miene zum bösen Spiel machen. Wo ist denn nun dein Gott? Seine Gegenwart ist so real wie unsere Tränen. Da beginnt die kreative Spannung im Glauben.

Ich habe den Ist-Zustand meiner Realität und die Welt Gottes, die zu meiner Realität werden will. Wo Gottes Vision von mir zu meiner Vision wird, leben in mir zwei extreme Gegensätze, die Spannung erzeugen. Unser Gehirn kommt aus dem Gleichgewicht, weil es auf innere Ausgeglichenheit programmiert ist. Es will unter allen Umständen dieses Gleichgewicht wiederherstellen. Das schafft es dadurch, dass es im Bisherigen bleibt und seinen Traum aufgibt, oder es wächst in das Neue und lässt sich dabei komplett von Gott umgestalten. Wenn wir einen Traum haben, entscheiden wir, ob wir uns zu diesem Traum hin entwickeln, oder uns das zu stressig ist und wir alles belassen. Gott will mit uns träumen und etwas Heiliges aus uns machen. Dazu leben wir.

Was wäre der heutige Schritt, der diesen Traum wahr werden lässt?

Du bist fließende Liebe

Bei dir ist die Vergebung, dass man dich fürchte. Ps 130,4

Gott praktiziert ein geniales Lebenskonzept. Er ist fließende Liebe, die unaufhaltsam zum Menschen muss. Sie ist wie der Fluss, der von der Quelle weg die eine Absicht hat, – ich will zum Meer. Kein Stein, kein noch so kurvenreiches Bachbett, keine Enge kann ihn aufhalten. Geschmeidig fließt er bis zum Meer, weil Wasser immer ins Meer will, so wie Liebe zum Menschen will. Egal was passiert, für ihn gibt es nichts, was ihm die Sprache verschlägt, was das Herz eiskalt macht, was ihn regungslos macht und zum Herzinfarkt führt. Liebe ist zum Fließen geschaffen, wie das Blut in Venen und Arterien. Liebe kann nicht anders als überfließen. Das ist der eigentliche Sinn von Überfluss, dass etwas zufließt und weiterfließen will. Wo dieser Austausch stockt, wird's lebensgefährlich. Hartgewordene Herzen und festgehaltene Schuld stoppen den Fluss wie ein Staudamm, bis Land unter ist. Gott versauert nicht, über dem was ihn beleidigt und entehrt; er behält ein warmes Herz, in dem die Liebe um jeden Stein fließt, ihn dadurch schleift und noch schöner macht. Er bleibt nicht bei erfahrenem Unrecht stehen, sondern bleibt im Fluss. Vergeben lässt sich nicht von Widerständen aufhalten, sondern ist der Befreiungsschlag für fließende Liebe. Weit gewordene Herzen verhindern das dicht machen.

Mit diesem Rezept gießt er heilsames Öl in alle tiefen Wunden. Wir können in dem ganzen täglichen Ballast aufatmen. Christus hat vergeben, um alle Anklage mit Liebe zu entmachten. Dem Nagetier, das uns innerlich auffressen will, entziehen wir durch Vergeben das Futter. Ein so befreiter Mensch bleibt in fließender göttlicher Liebe. Die Steine der Enttäuschung können seinen Fluss nicht mehr aufhalten. Vergebende Herzen bewahren Miteinander vor einem Herzinfarkt. Sie fließen befreit und unaufhaltsam als der Überfluss von Liebe durch die Welt.

Wem würde ich heute vergeben, um im Überfluss der Liebe zu bleiben?

Frei von Altlasten

Der Herr spricht: Wem ich gnädig bin, dem bin ich gnädig, und wessen ich mich erbarme, dessen erbarme ich mich. 2. Mose 33,19

Mose ist wütend über sein Volk, das ein goldenes Kalb anbetet und somit Gott einen guten, frommen Mann sein lässt. Er zweifelt daher, dass Gott noch zu seiner Verheißung steht und genau dieses Volk durch die Wüste ins gelobte Land bringt. Er befürchtet, Gott hat die Nase voll von Menschen, die sein Vertrauen missbrauchen. Mose will Gottes Angesicht schauen, um zu erkennen, dass er sich noch nicht zurückgezogen hat. Er bekommt zwar nicht das Angesicht zu sehen, jedoch erhält er dieses Wort. Ich bin gnädig, ich erbarme mich. Damit ist Gott völlig unabhängig vom Verhalten der Menschen. Seine Liebe ist unerschütterlich, über allen Böcken, die sein Volk geschossen hat. Auch wenn sie ihr Glück in allem möglichen Glanz dieser Erde suchen, das lässt ihn nicht davon abhalten, sie ins gelobte Land zu führen. Die Zusage, die Mose erhält, haben wir in Christus. Mit Christus geht Gottes Verheißung an uns in Erfüllung.

Damit reißt der Faden von Gottes Seite zu uns nie ab. Erbarmen und Gnade wird uns zu allen Zeiten nachschleichen. Mit nichts können wir Gott schockieren oder irritieren. Wo Erbarmen ist, ist ein bedingungsloses JA zu mir da. Einen gnädigen Gott kann man nicht abschütteln, komme was da wolle. Für Gott gibt es keine Schuldfrage mehr. Wir brauchen über die Scherbenhaufen unseres Lebens nicht mehr schockiert sein. Wir sind bei Gott nie verstoßen. Wir dürfen zu uns Zutrauen finden und heute ganz neu weitermachen, über allem was war. Wir können auch mit anderen weitermachen, weil Erbarmen kein Nachtragen kennt. Jeder neue Tag ist die Chance unseres Lebens.

Bei so viel Erbarmen, warum befreien wir uns da nicht von viel mehr Altlasten?

Verrückt vor Liebe

Werdet ihr der Stimme des Herrn nicht gehorchen, so wird die Hand des Herrn gegen euch sein wie gegen eure Väter. 1. Sam 12,15

Wenn die Lust und Leidenschaft nach einem Partner auffrisst, wenn der Körper vor Brennen nach Nähe bebt, wenn die Sehnsucht des Einsseins mit dem andern in Ekstase versetzt, dann ist glühende Liebe im Ausnahmezustand. Emotionen sind berauscht vor Glück. Ein Wort will in nicht zu bändigende Erregung versetzen. Es will verzücken und den absoluten Höhepunkt auslösen. Es ist unterwegs um Menschen heiß zu machen.

Um die Tragik dieser Geschichte zu begreifen, ein paar Verse aus Ps. 29: „Die Stimme des HERRN ergeht herrlich. Die Stimme des HERRN zerbricht Zedern, die Stimme des HERRN sprüht Feuerflammen; die Stimme des HERRN lässt die Wüste beben; die Stimme des HERRN reißt Wälder kahl.“ Da überkommt uns die pure Leidenschaft. Da glühen Worte, die Leben schaffen. Da erleben wir Gott in seiner ganzen Sturm- und Drangphase. Dynamik, Kraft, Eifer, Begeisterung, Temperament. Dieses Wort gibt sich nicht mit ein bisschen zufrieden, dieses Wort will alles, bewegt alles, schafft alles. Dieses Wort will alles ausreizen, was das Leben zu bieten hat. Es ist der Höhepunkt der Lust. Dieses Wort ist total verrückt nach Menschen. Es will in den Sinnesrausch einer anderen Welt verführen.

Wo wir Gott nicht beim Wort nehmen, werden wir kalter Kaffee. Da ist der Frust vorprogrammiert. Da ist die Leidenschaft, die heiß machen will, fein beschriftet in Einmachgläser eingeweckt. Da wird das, was in uns Feuer fangen will, frigide und kalt. Wir werden zu einem alten Ehepaar, das sich nichts mehr zu sagen hat. Wo uns diese Stimme nicht zum Beben und Zittern bringen darf, erleben wir nicht wie verrückt Gott nach uns ist. Wir erkennen nicht, was wahr, gut und böse ist. Wir schlagen die Hand aus, die uns entgegengestreckt ist.

Kann uns die Stimme des Herrn noch in die volle Ekstase versetzen?

Grund zum Weitermachen

Wer weiß, ob Gott nicht umkehrt und es ihn reut und er sich abwendet von seinem grimmigen Zorn, dass wir nicht verderben. Jona 3,9

Strafe, wem Strafe gebührt. So tickt der Mensch. Und die Seele desjenigen, der einem Verbrechen zum Opfer gefallen ist, kann erst heilen, wenn der Täter seiner gerechten Strafe zugeführt ist. Manche Polizisten haben ein Problem, wenn sie Verbrecher dingfest machen und die Rechtsprechung sie wieder laufen lässt. Der Prophet Jona hat auch ein Problem mit Gottes Rechtsprechung. Er soll die Stadt Ninive, die zu den Erzfeinden des Volkes Israels gehört, zum Umdenken führen. Er soll ihnen Angst und Schrecken einjagen, dass bei ihrem Verhalten kein Regen, sondern Feuer vom Himmel fällt und die Stadt vernichtet. Mit ganzer Überzeugung erledigt er seinen Auftrag. Doch auch mit der „Befürchtung“, Gott bellt, aber beißt nicht. Er predigt Umkehr; die Leute nehmen es sich zu Herzen und dann kehrt Gott um. Gottes Barmherzigkeit ist größer als der Wille jemanden fertig zu machen. Jona tat sich schwer, das zu begreifen.

Wie stark diese Barmherzigkeit ist, sehen wir bei Jesus am Kreuz. Gott sühnt Verbrechen, um Verbrecher nicht verdammen zu müssen. Wir werden uns zeitlebens wie Jona wundern, wie barmherzig Gott ist. Mit allen Mitteln und unendlicher Geduld schafft er daran, dass wir zur Besinnung kommen. Durch das Christus-Opfer braucht er sich nur noch darum kümmern, Menschen aufzurichten. Gott ist umgekehrt und bleibt nicht bei Vergehen stehen. Er ist Barmherzigkeit in Person. Er ist der Weitergeher und der Weitermacher. Versagen kann seine Liebe nicht mehr aufhalten. Er ist solange geduldig, bis die Einsicht kommt. Er rechnet jeden Augenblick mit Einsicht und hakt keinen als hoffnungslosen Fall ab. Diese Barmherzigkeit will unser Lebensthema sein.

Ziehen wir endgültige Striche, oder glauben wir noch an Umdenken?

Lass dein Herzensanliegen geboren werden

Der Herr ist gerecht in allen seinen Wegen und gnädig in allen seinen Werken. Ps 145,17

Viele befinden sich gerade in der Opferrolle. „Warum passiert uns das gerade? Warum kommen sich Ärzte in den Krankenhäusern in Italien wie Fließbandarbeiter vor, die entscheiden müssen: Wer darf leben und wer muss sterben? Manche posaunen Strafe und Gericht Gottes über die gebeutelte Menschheit. Doch wenn Gott gerecht und gnädig ist bei allem was er tut, brauchen wir eine andere Sichtweise auf die jetzige Situation.

Gerechte Wege sind richtige Wege. Gnädig in allen Werken, ist die totale Liebe. Wo Gott alles und in allem ist, ist er mitten in der Katastrophe. Was gerade ist, hat einen tiefen Sinn. Auch wenn uns alle kollektiv das gleiche Schicksal trifft, ist es sinnvoll, diese Krise ganz persönlich zu nehmen. Wenn dahinter der Weg Gottes steht, fällt mir gerade die Wucht einer viel größeren Welt zu. Da liegen Liebeswallungen in der Luft, die ausgerechnet mir gelten. Wo Gnade unterwegs ist, kommt nicht ein Gott, der alles kurz und klein schlägt, sondern kommt das Allerheiligste persönlich. Das ganze Universum ist gerade voll von einer Zuwendung, die wir so noch nie erlebten. Gott auf Tuchfühlung zu seinen Kindern. Seine Wege führen uns an irdische Grenzen, um etwas viel Größeres aufbrechen zu lassen.

Wo wir uns von dem Gnädigen berühren lassen, sind wir nicht Opfer, sondern Geliebte. Da arbeitet nicht die Zerstörung an uns, da hebt uns einer auf, um unseren Sinn deutlich machen. Jetzt, wenn nichts mehr geht, ist die Sinnfrage unsere größte Hausaufgabe. Jetzt gilt es wirklich, sich existenzielle Fragen zu stellen: Wofür leben wir wirklich? Jetzt will Liebe unser Herz berühren und dich fragen: Was will eigentlich in dir brennen, wenn alles andere wegbrennt? Jetzt stehen wir vor der Berufung unseres Lebens.

Was ist dein Herzensanliegen, das jetzt geboren werden will?

Erlaube dir, Kind zu werden

Der Herr wird sich wieder über dich freuen, dir zugut, wie er sich über deine Väter gefreut hat. 5. Mose 30,9

Es ist total faszinierend wie ein Kind lacht. Das steckt an, das berührt. Es freut sich völlig unbeschwert. Dabei erkennt man, es macht alles, was ihm Freude macht. Ein langweiliges Spielzeug landet in der Ecke. Strahlende Augen folgen der Freude. Am Kind sehen wir die Programmierung der Schöpfung. Später genießt es die Kunst der Erziehung. Über unsere Schulen wird die Freude abtrainiert und der Ernst des Lebens beigebracht. Auf einmal werden Dinge wichtig, die man zum Leben braucht und die Freude weicht der Pflicht. Wir haben uns an Freude als Tröpfchen-Infusion gewöhnt.

Dabei platzt die ganze Bibel vor Freude. Gott hatte Freude als er die Erde erschuf. Da strotzte alles vor Lebensbegeisterung. Gott will sich über seine Kinder, über sein Volk freuen, dass sie selbst zu Freude werden. Augustin sagte: „Mein Gott, du bist die Freude, wer um dich ist, erfreut sich immerdar an dir." Im Laufe unseres Lebens ist mit der Freude etwas gewaltig schief gegangen. Jetzt, gerade in dieser Krise, gehen mehr Rollladen runter als Augen auf. Jesus brannte es auf dem Herz, dass seine Freude in uns ist, und unsere Freude vollkommen werde. Vollkommene Freude ist, wenn die Begeisterung für das Leben wieder wach wird, wenn wir erkennen, dass wir für die Freude geschaffen sind. In uns will Schöpferfreude explodieren. Wo Freude wohnt, hat sich der Himmel Platz geschaffen.

In uns lebt immer noch das Kind, das sich freuen will. Es kann uns nichts Besseres passieren, als dass unsere ganzen angelernten und anerzogenen Systeme gerade nicht mehr funktionieren, um zur Besinnung zu kommen, dass die Freude unser Navigationssystem ist. Wo wir die Freude verlernt haben, hilft es jetzt, das verkopfte Pflichtbewusstsein abzuschütteln und wieder Kind zu werden.

Was muss geschehen, dass wir uns erlauben, den Weg der Freude zu gehen?

Fröhlicher Gesang auf dem Mist

Singet fröhlich Gott, der unsere Stärke ist! Ps 81,2

Wenn ein Leben vor Dankbarkeit strotzt, sieht das Herz mehr als nur die Lasten eines Tages. Der Jubel an Gott entzündet sich nicht zuerst an einem malerischen Sonnenaufgang, an einem kleinen Kind, das wir voll Glück liebkosen, an irgendwelchen Dingen, in denen uns die Schöpfung von ihrer schönsten Seite begegnet, sondern er beginnt in mir. Das große Halleluja hat seinen Sitz in meiner Art Gott zu begegnen. Wenn es allein aus den guten Seiten der Schöpfung aufsteigen würde, würde der Freudentaumel ersticken, wenn wir die Bilder der Plastik-Meere und zerfetzten Autobomben sehen. Fröhlich zu singen hat nichts mit äußeren Umständen zu tun. Es ist das Echo der Berührungen Gottes in mir. Kraft und Freude liegt in der Bereitschaft, Gott an mir zuzulassen. Dieses Glücksgefühl liegt in einer inneren Hingabe. Heute spricht man viel von Resilienz, von der inneren Widerstandskraft, die sich in allen Widrigkeiten aufbäumt, die hat darin ihren Sitz. Fröhlich singen ist das Aufstehen in allen Niederschlägen.

Damit leben wir in der größten Freiheit, in der je ein Mensch leben kann. Nicht irgendwelche schrecklichen Dilemmas haben uns im Griff, sondern wir haben es selbst in der Hand, ob der Freudentaumel in uns erwacht. Keiner kann mehr sagen, bei mir gibt es nicht zu freuen, mich hat das Leben eiskalt von der Seite erwischt. Fröhlich singen ist nicht die gute Miene zum bösen Spiel, sondern ist die Geige, die sich bereit dem großen Spiel hinhält. Gott will auch die schmerzverzerrten Gesichter zum Leuchten bringen. Er will jede Phase unseres Lebens zum Jubel werden lassen. Wir stehen immer auf dem Mist, doch gerade darauf begrüßt der Hahn fröhlich den neuen Tag.

Sollte ich meinem Gott nicht singen? Sollte ich ihm nicht dankbar sein?

Riskiere Neuland

Herr, sei mir gnädig, denn mir ist angst! Ps 31,10

Ohne Angst geht's nicht. Sie gehört wie das tägliche Brot zum Leben. Sie winkt mit dem großen roten Stoppschild und zählt alle Gefahren auf, die jetzt kommen können. Angst ringt um unsere Sicherheit. Sie will das Leben bewahren. Sie ist eigentlich der Sicherheitsgurt unserer Existenz. Sie hält uns zurück, wenn's gefährlich wird. Doch diese Übervorsicht ist der größte Lebensbehinderer. Flugangst verhindert, dass ich in ein Flugzeug steige und ferne Länder bereise. Aus Angst die Aufgabe nicht zu schaffen, nehme ich die Herausforderung nicht an. Aus Angst, was mutet mir Gott auf meinem Weg zu, lasse ich meine Berufung pfeifen. Angst hindert Glauben, weil uns der immer in unbekanntes Land führt. Angst ist damit nicht nur der Bremsklotz für die persönliche Entwicklung, sondern auch die Bremse für das Reich Gottes. Wieviel Wege sind nicht gegangen worden, weil das Risiko zu hoch war? Wieviel Segen ist nicht geflossen, weil Glaube von Angst zurückgehalten wurde?

Im Umgang mit der Angst geht es nicht darum, mehr Mut zu entwickeln. Denn auch der Mutige hat Angst. Der Psalmbeter steht zu seiner Angst, bleibt jedoch dabei nicht stehen. Den Schritt über die Angst hinaus macht er zum Gebet. Lass mich an meiner Stoppstelle deine Gnade erfahren. Lass das Vertrauen zu dir größer sein, als das, was mich zurückhält. Auch Jesus betet in seiner Angst. Die Sorge der Angst wird transformiert in Gottvertrauen. Damit überschreiten wir Grenzen und lassen Neues an uns zu. Hier entsteht der Glaube, der Berge versetzt. Wo wir in der Angst auf Gott zugehen, werden in uns schöpferische Kräfte lebendig. Wir wagen Neuland. Es entsteht etwas, was es bei uns noch nicht gegeben hat.

Bleiben wir aktiv, wenn uns angst ist, oder stecken wir zurück?

Liveübertragung aus dem Ewigen

Das Land wird voll Erkenntnis des Herrn sein, wie Wasser das Meer bedeckt. Jes 11,9

Zwei Realitäten begegnen sich; die sichtbare und unsichtbare Welt. Die eine Realität ist die, mit der wir uns tagtäglich herumschlagen, in der wir oft mehr Zweifel als Hoffnung haben, die harten Fakten, die zeigen, wer wir wirklich sind. Die andere Realität ist Leben ohne Raum und Zeit. Es ist die randvolle Unendlichkeit. Es ist Ewigkeit, in die alles Leben fällt, das die Zeit verlässt. Es ist der Raum der Erkenntnis des Herrn. Diese beiden Realitäten bedingen und durchdringen sich. Ewig beginnt nicht, wenn die Zeit abgelaufen ist, ewig ist allgegenwärtig. Wo das Land voll der Erkenntnis des Herrn ist, gibt es ein herüber und hinüber. Wir haben eine Schnittstelle zur ewigen Welt. Wo wir im hier und jetzt leben, im augenblicklichen Moment, da kann ein Datenaustausch stattfinden. Wo wir in der Vergangenheit leben, leben wir in der Geschichte. Wo wir uns nur in der Zukunft aufhalten, leben wir in einer Welt, die noch nicht ist. Jedoch im Jetzt findet das aktive Leben statt, das von der anderen Welt inspiriert wird. Im Jetzt habe ich die Verbindung zu Christus, der in dieser anderen Realität lebt. Er ist die Liveübertragung, bei der Ewiges in Irdisches fließt.

Leben ist arm und zum Verzweifeln, wenn es nur in der einen Realität stecken bleibt. Leben ohne ewigen Zufluss begrenzt sich selbst. Um Herausforderungen zu meistern, um unter all dem, was wir im Leben nicht verstehen können nicht verrückt zu werden, brauchen wir den Datenstrom der anderen Welt. Unsere Schwierigkeiten brauchen die Erkenntnis des Herrn, damit wir dem Leben nicht davonlaufen. Wir brauchen diese Erleuchtung, damit Unendlichkeit zu unserer Realität wird.

Ist die Liveübertragung an, oder stöhnen wir unter unserer Realität?

Verrückt sein ist normal

Kommt herzu, lasst uns dem Herrn frohlocken und jauchzen dem Hort unseres Heils! Ps 95,1

Wenn dieser Psalmvers erklingt, steigt bei den Blumenmönchen Weihrauch zum Himmel. Zum Abschluss der Eucharistie gerät die Seele in die höchste Phase ihrer Dankbarbarkeit. Worte enden und das Herz schüttet sich aus. Ein Moment heiliger Ekstase und Selbstvergessenheit. Es ist der Orgasmus der Seele, die jetzt in ganz andere Räume gerückt wird. Hort des Heils ist der Ausnahmezustand des Menschen. Er ist Heiligtum, bei dem wir unter dem Eindruck stehen, dass nichts mehr ist, zwischen Gott und uns. Heil ist totale Inspiration des Geistes. Jubel in uns ist nicht mehr zu bremsen. Es sind Augenblicke, in denen die Unendlichkeit des Seins uns hautnah berührt. Der Hort des Heils ist die Kraftquelle und Tankstelle des Lebens. Die Apostel wussten um dieses Geheimnis, denn sie trafen sich täglich im Tempel und brachen das Brot hier und dort in den Häusern.

Arm der Mensch, der diese Ausnahmezustände nicht kennt und sich nicht aus seinen Tagen verrücken lässt. Kommt herzu; sucht so oft ihr könnt die heiligen Momente. Wer solche Begegnungen in sein Alltagsritual einbaut, ist für die ach so menschlichen Erschütterungen anders gerüstet. Das Leben braucht Höhepunkte, um sich über das Alltägliche zu erheben. Eine Seele, die für Ekstase geschaffen ist, verhungert, wo sie nicht frohlocken und jauchzen kann. Je größer der Abstand zum Hort des Heiles wird, umso trostloser wird das ganze Leben. Ein Heißluftballon, dem die Luft ausgegangen ist, kann zu keinem Höhenflug mehr ansetzen. Der Jubel unseres Lebens steht in unmittelbaren Zusammenhang, ob wir verrückt nach dem Hort des Heiles sind.

Wo hält uns das „Normale" zurück, immer wieder verrückt zu sein?

Sei frei wie ein Adler

Du bist ein Gott der Vergebung, gnädig und barmherzig, langmütig und reich an Güte. Neh 9,17

Wenn der heutige Tag ein Leben wäre, dann sind wir beim Aufstehen geboren worden. Vor uns liegt ein frisches, unverbrauchtes Leben, in das wir die ganze Liebe und Hingabe investieren können. Wir experimentieren, verwerfen manches und gestalten nach Herzenslust, wie es Kinder so machen. Unser Ich wächst heran und kämpft immer stärker um sein Recht, um seine Selbstbehauptung und vergisst mehr und mehr sein Spiel. Es fällt in eine Rolle, die immer weniger mit seinem eigentlichen Dasein zu tun hat und verletzt damit das Leben, andere Menschen und den Ursprung, aus dem es hervorgegangen ist. Am Abend will es schlafen und kommt nicht runter. Nicht gelebt zu haben, für das ich da war, raubt die Ruhe. Im Unfrieden beendet es das Leben, also diesen Tag. Der nächste Morgen beginnt unter gleichen Vorzeichen.

Der Gott der Vergebung putzt die Platte. Der Schöpfer hat ein gnädiges Tool in seine Schöpfung eingebaut. Vergebung stillt den Unfrieden. Er zieht das Ego aus dem Verkehr, das den inneren Frieden mit Gott stört. Wo sich der Adam im Irdischen vergaloppiert hat und aufgefressen wird, schenkt er Christus, der den Weg der Freiheit aufzeichnet. Christus stirbt in seiner Menschlichkeit, um in seiner Göttlichkeit aufzuerstehen. Vergeben ist das Sterben des Egos, um im Frieden zu erwachen. Er gibt sein altes Ich weg, um mit einem neuen Geist aufzustehen. Vergeben reißt das weg, was von Gott, was vom Frieden trennt. Vergeben ist Aufatmen im Unendlichen.

Wo wir das Vergeben als die größte Gnade begreifen, kann alles zur Ruhe kommen. Wir können uns vergeben, wir können dem anderen vergeben und finden Frieden, den wir nirgend anders finden. Das macht das Herz frei, den Schlaf tief und den nächsten Morgen unbefangen.

Was hält unser Ich fest sich loszulassen, um frei zu sein wie ein Adler?

Wir sind vollkommen

Ich will euch von all eurer Unreinheit erlösen. Hes 36,29

Die Überangepassten unter uns kennen die Stimme, die sagt: Duck dich, halte dich da raus, riskiere ja kein offenes Wort, sonst geht der andere zum Dach hinaus. Schließlich gibt doch der Klügere nach. Dabei merken wir gar nicht, dass wir gerade in unserem Schattenkind gefangen sind. Doch wir sind dazu geschaffen, zur vollkommenen Freiheit durchzubrechen.

Das Schattenkind beschreibt unsere Prägung, die wir als Kind im Elternhaus mitbekommen haben. Wir lernten dabei ungute Mechanismen, die uns ein Leben lang nachschleichen. Mich hat lange eine Autoritätsangst zurückgehalten, mich zu einer eigenen Persönlichkeit zu entwickeln. Der Respekt vor einer Führungskraft hat eine selbstverständliche, unnatürliche Unterwürfigkeit geschaffen. Als Kind mag das in Ordnung sein, doch wenn man erwachsen ist, bremst dieses Schattenkind aus, Verantwortung für sein Leben zu übernehmen und seinen Mann zu stehen. Wir sind dann nicht das Sonnenkind voller Licht, das herrlichste Gaben in die Welt strahlt und ganze Schönheit entfaltet. Leben mit angezogener Bremse nennt die Bibel Sünde. Das was Gott eigentlich mit uns will, kommt zu kurz.

Unsere schlechtesten Taten sind, dass auf einem großen weißen Papier unser Leben in der Mitte darauf nur ein kleiner schwarzer Punkt ist. Wir bleiben stehen und füllen das Blatt nicht aus, das wir geschenkt bekamen. Das ist unsere Verdammnis. Damit sich dennoch Gottes Herrlichkeit in uns entfaltet, zieht er mit Christus den Stöpsel. Christus wird in uns der Umbruch zur Freiheit. Wir werden erlöst von den Bremsklötzen, die uns in dieser Unreinheit halten. Christus füllt den Raum in uns, den wir verspielt haben. Damit macht er Unvollkommenes vollkommen. Es soll das in uns heil werden, was zerbrochen war. Da sollen wir hineinwachsen.

Wo braucht mein Schattenkind viel mehr den Christus, um frei zu werden?

Habe unverschämte Wünsche

Ist mein Arm denn zu kurz, dass er nicht erlösen kann?
Oder habe ich keine Kraft zu erretten? Jes 50,2

Im Christmas Garden in Stuttgart steht ein Wishing Tree. Ein kleiner Pavillon mit einem winterlichen Baum, an dem lauter Sterne hängen, voller Wünsche der Großen und Kleinen. Ich wünsche mir …, „… dass ich meine schwere Krankheit überstehe“, „… dass mich Mama und Papa immer gern haben“, „… ein Baby“, „… dass Frieden in der Welt wird“, „… dass sich meine Eltern verstehen und gesund bleiben“. Viele hundert Wünsche hängen so am Sternenhimmel. Sie hängen nicht einfach im luftleeren Raum, sie wirken. Bonhoeffer sagt: Wunschlosigkeit ist Armut.

Wenn wir in einem Warenhaus bestellen: Schicken Sie mir einfach etwas Schönes zu Weihnachten, werden wir bekommen, was wir wollen – nämlich nichts. Wir haben keinen klaren Wunsch geäußert. Gott sagt uns: Was bist du so bescheiden, so zurückhaltend, in dem was du von mir willst. Jesus fragt die Leute immer wieder: Was willst du, dass ich dir tun soll? „… ich will wieder sehen können“, „… ich will wieder gehen können“. Und Gott sagt: Glaubst du, ich bin ein Hilfsarbeiter oder Minijobber in meiner Schöpfung? Oder ein Stift im 1. Lehrjahr? Glaubst du, dass mir in meiner endlosen Schaffenskraft irgendetwas unmöglich wäre? Weshalb hinterfragst du meine grenzenlose Größe und begnügst dich damit arm zu sein?

Paulus schreibt: Gott gebe euch erleuchtete Augen des Herzens, damit ihr erkennt, zu welcher Hoffnung ihr berufen seid … Hoffnung heißt: Mein Herz greift in die unbekannte Zukunft und zieht alles an sich, was Gottes ewige Welt zu bieten hat. Wir begnügen uns nicht mit dem Menschenmöglichen, sondern ergreifen die unbegrenzten Möglichkeiten Gottes. Damit können wir uns alles wünschen und alles erschaffen, wenn wir es glauben.

Was hindert uns große Wünsche zu haben und alles zu erwarten?

Deute das Übel anders

Das hast du dir doch selbst bereitet, weil du den Herr, deinen Gott, verlässt, sooft er dich den rechten Weg leiten will. Jer 2,17

„Kommet guat hoim" – kommt gut nachhause – steht an manchen Ortsschildern im Allgäu, schön umpflanzt mit Geranien. Kommt gut heim, ist das Thema unseres ganzen Lebens. Alles dient diesem „Heimweg". Alles, was weltweit oder persönlich passiert, hat mit mir zu tun. Wenn wir das verstehen, meint Corona, meint die Rassismus-Diskussion, meint die Klimaerwärmung mich. Das Kind, das ich zu Grabe trage, das Geschäft, das den Bach runtergeht, der Stress mit Kollegen, hat mit heimkommen zu tun. Für nichts von alledem lohnt es sich Schuldige zu suchen, weshalb mir das alles widerfährt. Das Leben bestraft uns nicht, es will uns heimbringen.

Viktor Frankl sagt: Wir haben dem Leben keine Fragen zu stellen, wir haben ihm nur zu antworten. Alle Fragen die im Leben aufstehen, warten auf unsere Antwort. Wer fragt führt, heißt es. Fragen sind Wegführungen von allerhöchster Stelle. Gott führt uns mit jedem Ereignis nach Hause. Alles dient dem Ankommen, bei Gott und bei mir selbst. Das ist das Ziel unserer Reise durch die Zeit. Wir sind weder in diesem Leben, noch in dieser Welt Zuhause, sondern einzig, wenn unsere Seele ihre Ruhe in Gott findet. Wir sind solange aufgebracht, bis wir in diesem Frieden ankommen. Alle Unruhe die sich in uns aufbäumt, ist verlorene Geborgenheit. Bei allem, was wir in diesem Leben erreichen, ist das höchste Glück, in Liebe, Vertrauen und Freude anzukommen.

Jeremia ist nicht zimperlich, wenn er uns vor Augen malt, dass wir für alles, was uns geschieht, selbst verantwortlich sind. Doch er will uns für Führung öffnen. Wir selbst geben dem Schicksal seine Bedeutung. Es kann unsere „Strafe" sein, oder die Umarmung für mein Heimkommen.

Was würde heute zum Glück werden, wenn wir das Übel anders deuten?

Sei bereit für ein Geheimnis

Wenn ihr mich von ganzem Herzen suchen werdet, so will ich mich von euch finden lassen, spricht der Herr. Jer 29,13-14

Wenn ich etwas suchen muss, liegt etwas an einem Ort, den ich nicht kenne. Geheimnisse müssen wie eine Höhle erforscht werden, um Schätze zu entdecken. Gott ist ein Geheimnis. Man sieht ihn nicht, und doch ist alles von ihm durchdrungen. Um ihn wahrzunehmen, kann ich mich auf die übliche Wahrnehmung meiner Umwelt nicht verlassen. Sinnesorgane sind nicht dazu ausgelegt, mit Gott in Kontakt zu treten. Sie sind hervorragend für das Außen, für all das was uns umgibt, um mit den Dingen dieser Welt zu kommunizieren. Gottsuche geschieht nach innen. In mir ist ein heiliger Raum, ein unantastbarer Raum, zu dem selbst der liebste Mensch keinen Zugang hat. Gott suchen heißt still werden, um die Stimme an diesem heiligen Ort wahrzunehmen. Die Suche nach Gott ist ein Weg in mich selbst, wo der Geist bereits wartet, der mit mir reden will.

Es ist einer der schwersten Wege, den manch einer erst ganz am Ende seines Lebens entdeckt. Gott von ganzem Herzen suchen, ist ein Stillhalten lernen. Wir sind so laut, vom Getriebe unserer Tage. Die Stimme, die da in uns aufsteigen will, hat gar keine Chance zu Wort zu kommen. Wir dröhnen uns von der ersten Minute am Morgen, bis zum ins Bett gehen mit äußeren Einflüssen zu. Der Radiowecker, auf dem Handy blinken wichtige Nachrichten, und den Feierabendkrimi dürfen wir auch nicht verpassen. Wir leben in einem Rauschzustand und wundern uns über Sehnsüchte, die nicht gestillt werden. Gott redet stark, wo er die Gelegenheit bekommt, dass wir hören. Seine Welt dringt in uns ein, wo wir uns zurücknehmen.

Wo sind wir bereit, dem Geheimnis – Christus in uns – näherzutreten?

Folge dem starken inneren Bild

Der Herr sprach: Dazu habe ich Abraham auserkoren, dass er seinen Kindern befehle und seinem Hause nach ihm, dass sie des Herrn Wege halten und tun, was recht und gut ist. 1. Mose 18,19

Ein Schulabgänger, der Arzt werden will, hat ein starkes Bild vor Augen. Er will einmal Herzspezialist sein und vielen schwer geplagten Menschen helfen. Er sieht eine elementare Aufgabe vor sich, die ihn antreibt. Er will nicht einfach Medizin studieren und sich dann überraschen lassen, was kommt, sondern er sieht ein konkretes Problem, das er als seine Berufung erkennt. Ab diesem Moment, wird er wie von einem Magneten angezogen. Alles konzentriert sich, zu erfahren, was das Herz ist und wie es funktioniert. Bereits als Lernender fängt er an wie der Arzt zu denken und zu fühlen. Er lebt bereits in der Zukunft, wie er am besten helfen kann.

Leute wie Abraham, haben nichts anderes zu tun, als Glaubenden Bilder aufzumalen. Es geht um ein Zukunftsbild, das Wege in der Gegenwart bahnt. Da sind Menschen, die über diese Erde gehen und noch kein Bild in sich tragen, zu welcher Größe sie berufen sind. Da sind himmlische Geschöpfe, die sich voll im Irdischen verschanzt haben. Da sind Kinder Gottes, die vergessen haben, dass sie zu einem heiligen Leben geschaffen sind. Dazu braucht es Leute, die uns bewusst machen, Ostern liegt seit einer Woche in der Luft. Die Wege des Herrn sind aus prall gefüllter Hoffnung. Für den, der aus dieser Hoffnung lebt, ist es richtig, sich selbst in der Zukunft vorzustellen, wer er einmal sein wird, um das in Vollkommenheit heute zu leben. Wer aus dem Ewigen lebt, für den ist die Zukunft jetzt. Das sind die Wege Gottes. Wege der Heiligung sind die, bei denen wir nicht unsere Zweifel beklagen, sondern das Bild ergreifen, dass durch Auferstehung Göttliches in uns lebt. Durch Christus sind wir frei von ängstlichem Denken und damit gibt es nichts, was nicht möglich ist.

Sind wir von einem starken Bild getragen, wer wir einmal sein werden?

Öffne dich unter der Not

Ich sprach, da ich weglief vor Angst: Ich bin verstoßen aus deinen Augen.
Doch du hast mein lautes Flehen gehört, als ich zu dir schrie. Ps 31,23

Wo Herzen zum Himmel schreien, bäumt sich der ganze Körper auf nach Veränderung, nach Besserung, nach Heilung. Auch der blinde Bartimäus war einmal so ein Schreihals. Er saß am Wegesrand und bettelte, als eine große Menge Leute an ihm vorbeizog. Sie gingen mit Jesus, der ihnen tolle Geschichten erzählte. Als der Blinde registrierte, was da gerade abging, fing er mit schreien an. Lauthals durchbrach er „geistliche" Gespräche. „Jesus, du Sohn Davids, erbarme dich meiner." Jesus stoppte den Zug und ließ ihn herrufen. Der Schrei unterbrach den geregelten Ablauf und schuf eine größere Veränderung, als sie bei allem geistlichen Austausch mit der Menge geschehen war. Schreien hat den Blinden sehend gemacht.

Es gibt immer wieder Situationen, in denen wir uns von Gott verlassen und verstoßen vorkommen. Immer wieder der unverständige Gedanke: „O Gott, was hast du dir mit dieser Krankheit oder dem Unfall gedacht? Gott, wenn ich das ganze Elend in dieser Welt sehe, klingen Geschichten von deiner neuen Welt wie Märchen." Erfahrungsgemäß geschehen Veränderungen zum Guten, mehr durch eine innere Not, als durch eine gute Absicht. Wenn du dich selbst beobachtest, wann die größten Umbrüche bei dir geschehen, dann oft nicht in guten Zeiten, sondern wenn ein Elend so groß ist, dass sich etwas verändern muss. Gott will uns in ein solch großes, unendliches Denken führen, dass dies nicht mit logischer Vernunft geschieht. Um das, was Gott in dir entfalten will, um aufzubrechen für seine Schönheit, hilft oft nur Druck. Der muss dich an die Grenze führen bis du schreist. Dann beginnt das Flehen, das in Vertrauen übergeht. Dann setzt der Gesundwerdens-Prozess des Glaubens ein. Schreie, dann öffnet sich dein Herz für all die Gaben, die Gott dir zufließen lassen will.

Was könnte sich bewegen, wenn du dich unter deiner Not öffnest?

Es wird herrlich werden

Gott sagt: Was ich beschlossen habe, geschieht, und alles, was ich mir vorgenommen habe, das tue ich. Jes 46,10

Die Werbung sagt: Wir werden jeden Tag ein bisschen besser. Die Industrie sagt: Bald fahren wir elektrisch. Der Fortschritt stellt alles auf den Kopf. Vor lauter Umbrüchen, weiß man nicht mehr wo es lang geht. Wo alles im Fluss ist, gibt es eine unverrückbare Maxime, der Wille Gottes.

Die Menschen haben sich vorgenommen Autos zu bauen. Daraus ist weltweit eine der mächtigsten Industrien entstanden. Nun besinnt man sich und sagt: Mobilität die uns gut tut, tut der Natur nicht gut. Also soll die Zukunft elektrisch werden. Das heißt jedoch, wo man bisher für ein Auto mit Verbrennungsmotor sieben Mitarbeiter brauchte, sind beim Elektrofahrzeug nur zwei nötig. Somit brauchen fünf Leute einen neuen Job. Kirchen und Klöster werden leerer und müssen ihre Pforten schließen. Umbrüche machen Angst und verunsichern. Solche Umbrüche gab es schon bei Jesaja. Die Menschen suchten nach Orientierung. Lieber einen Gott aus Gold, oder eher Ton, oder der, von dem man sich kein Bild machen kann. In alles Ringen haut Gott einen Nagel in die Wand. Bei allem was kommt, es kommt das, was ich mir vorgenommen habe.

Gottes Machtwort erhält die Welt. Bei allem, was Menschen denken und planen, geht in erster Linie Gottes Plan in Erfüllung. Über allen Hochs und Tiefs, die wir durchschreiten steht das Wort: Ich führe es herrlich hinaus. Ein Gongschlag in allen Turbulenzen. Hinter dem Guten und hinter dem Chaos klingt ein mächtiger Rettungsplan. Nichts ist zufällig. Niemand kann Gott hindern, Heil aufzurichten. Darauf läuft alles zu. Mit Christus wird das gut, was uns zwischen den Fingern zerrinnt.

Wenn Gott alles herrlich macht, wovor haben wir da noch Angst?

Lass dich veredeln

Danket dem Herrn aller Herren, der allein große Wunder tut, denn seine Güte währet ewiglich. Ps 136,3-4

Ein dankbarer Mensch geht mit Adleraugen durch seine Tage. Er hat sehen gelernt. Er sieht göttliche Spuren, die in allem Menschlichen sind. Er erspürt Liebe und Wärme in einer eiskalten Welt. Er kann hoffen, wo er in vielen Härten fast den Glauben verloren hat. Wer den Herrn aller Herren vor Augen hat, sieht das Leben mit anderen Augen. Der kann die Wunder in allem Unmenschlichen erkennen. Den gütigen Gott vor Augen haben, verändert den Katastrophen-Blick. Güte sehen, ist der Veredelungsblick. Da dienen Druck und Feuer der Diamanten-Gewinnung. Die Güte erkennt, dass das Wunder des Lebens, ein Reinigungsprozess ist. Unter größter Hitze und im tiefsten Inneren der Erde entstehen aus Kohlenstoffmolekülen Rohdiamanten. Die Güte formt mit unerträglichen Situationen Brillanten des Lebens. Es ist ein Wunder, was abgesägte Finger an der rechten Hand erschaffen können. Da wird all das, was wir am liebsten aus unserem Leben verdammen würden, zur Kunstschmiede. Die Güte erkennt den einen, der alles Sterben zur Auferstehung führt. Das ist das einzigartige und unvergleichliche Wunder des Glaubens.

Der Dankbarkeit geht damit nie der Stoff aus. Wo wir das Wunder der Reife erkennen, können wir selbst in der Klinik liegend danken. Überall erkennen wir die Spuren, die Gott in einem Leben hinterlassen will. All das was wir durchmachen, gehört zu den Bearbeitungsschritten unseres Lebens. In der Ausweglosigkeit will uns Christus dienen und zum Weg werden. In unseren Krisen sollen wir mit Christus veredelt werden. Wenn Gott über allem, in allem und durch alles an uns arbeitet, da bestätigen wir mit der Dankbarkeit unsere Veredelung.

Wo sind wir undankbar und wehren uns gegen diese Verwandlung?

Schmerzen sind gut

Haben wir Gutes empfangen von Gott und sollten das Böse nicht auch annehmen? Hiob 2,10

Glück und Schmerz werden hier in einem Atemzug als Gaben Gottes genannt. Völlig wertfrei sind sie nebeneinander gestellt. Wir wehren uns gegen das Ungemütliche, gegen das Kleingedruckte im Leben. Doch Hiob sagt, Gutes und Böses kommen von Gott. Das Böse, das was wir als Unglück bezeichnen, kommt vom „lieben" Gott. Wir haben ein gewaltiges Problem im Bösen das Gute zu erkennen. Wer hat denn gesagt, dass ein Weg schmerzfrei verlaufen soll? Die Entwicklung zum Heil geht über Kreuzwege. Wir sind von Gott zum größten Projekt seiner Geschichte geschaffen – zur Heiligung. Ein sich offenbarender Gott zeigt sich am stärksten in Ohnmacht. Selbst Jesus betete: Lass diesen Kelch an mir vorübergehen, doch nicht mein, sondern dein Wille geschehe. Gerade der bitterste Sterbeprozess führte zur Erlösung und Auferstehung. Es war nötig, dass auch Jesus ganz unten durch musste.

Viktor Frankl, einer der größten Psychotherapeuten, hatte selbst fünf KZ's überlebt, jedoch seine ganze Familie darin verloren. Unter Schlägen und Folterungen kommt er zu der Erkenntnis: „Man kann dem Menschen alles nehmen, doch nicht die innere Freiheit, wie er sich zu den äußeren Ereignissen stellt. Leiden hat unter allen Umständen einen Sinn. Es gibt im Leben viel aufzuleiden, um zur inneren Größe zu gelangen." Schmerzen sind gut. Unter dem Leidensdruck entsteht die stärkste Veränderung im Menschen. Unter Druck entstehen Edelsteine. Daher wehren wir uns nicht, wenn uns das Leben hart anfasst. Erkennen wir darin unsere große Freiheit, uns zum Besten zu entwickeln, was sich Gott von uns gedacht hat.

Was ist das Gute an meiner Krise?

Wenn unten oben ist

Der Herr macht arm und macht reich; er erniedrigt und erhöht. 1. Sam 2,7

Als unser Prior seine theologische Ausbildung begann, war der Lehrsaal gleich eine Ausnüchterungszelle: „Das erste Verständnis, das wir von Gott haben, ist ein Missverständnis." Diese Aussage erging an zukünftige Prediger und Diakone, die eigentlich dachten: Ich stehe fest im Glauben. Doch dass Gott arm macht und erniedrigt, lernen wir bis an unser Ende.

Den lieben Gott der reich macht, mögen wir alle. Die Werbe-Abteilung des Reiches Gottes spricht viel von der Sonne, wie sie aufgeht in ihrer Pracht. Sie malt farbenfrohe Regenbogen der Hoffnung, erzählt Geschichten wie Blinde zu tanzen beginnen. Wir haben ein Buch voller Wunder in den Händen und wundern uns, warum der liebe Gott so ungerecht, so blutrünstig sein kann. Wir verstehen die Welt nicht, wenn Kinder verunglücken und lebensmüde, demente, alte Leute nicht sterben können. Glaubende zerbrechen schier, weil Belastungen unerträglich werden. Hier stehen wir vor dem größten Missverständnis, das wir von Gott haben. Da sitzt in unseren Vorstellungen von Gott ein Irrtum. Wenn Gott gut sagt, meinen wir es geht aufwärts. Doch gut ist bei Gott, wenn er arm und reich macht, wenn er erniedrigt und erhöht.

Wenn Gott in Höhen und Tiefen seine Herrlichkeit erschafft, dann müssen wir unsere Einseitigkeit infrage stellen. Gott bewertet nicht in gut und schlecht. Nur wir meinen, wenn streicheln, dann gut, wenn schlagen, dann schlecht. Gott sagt: Ich bin in beidem. Damit können wir Schmerz, Leid und Katastrophen mit Licht zusammenbringen. Dort wo unsere Gedanken das Rotieren anfangen, ist Gott mittendrin. Heil kann sich nur im Kranken und Chaos entwickeln. Im Leiden entsteht das weit Größere an Erneuerung, als in allen Freuden dieser Welt.

Wenn Gott unten durch führt, wollen wir da nicht das Niedere aufwerten?

Wende deine Scholle auf links

Pflüget ein Neues, solange es Zeit ist, den Herrn zu suchen,
bis er kommt und Gerechtigkeit über euch regnen lässt. Hos 10,12

Das eigentliche Problem von Corona ist nicht, von einem Virus infiziert zu werden und eventuell daran zu sterben. Vielmehr ist es das, was alle betrifft, dass hier ein kleiner Erreger unterwegs ist, der unsere Gewohnheiten auffrisst. Wir protestieren gegen die Freiheitsberaubung, die einen Lockdown auslöst. Jede Lockerung wird willkommen geheißen, die etwas „Normalität" zurückbringt. Wenn du dich selbst beobachtest, was am meisten an der Krise nervt, ist es das „anders machen", das dich zu Handlungen zwingt, die nicht dem üblichen Ablauf entsprechen. Irgendwie haben wir ein Gen in uns, das Aua schreit, wenn sich etwas ändert.

Der Prophet drückt genau diesen roten Aua-Punkt. Ändert euch! Durchbrecht tiefgreifend das, was zu eurer Normalität geworden ist. Geht richtig tief rein in euer festgefahrenes Gefüge. Euer frommer Boden ist so festgefahren, dass darauf nur noch Unkraut wächst. Pflüget ein Neues, dreht eure Schollen auf den Kopf, wenn überhaupt etwas fruchtbar werden soll. Hinterfragt eure Traditionen und kratzt nicht nur an der Oberfläche. Er ringt um eine große Ernte die Gott einfahren will. Du bist fruchtbares Land, da stecken so viele Bodenschätze drin, dass alle satt werden können. Jetzt ist diese Bearbeitungszeit. Jetzt bearbeite dich selbst, wende deine Scholle auf links und suche nach deinem Gott. Lass diese Suche alles umkrempeln, dass das gedeihen kann, wozu dein Leben angelegt ist. Geh' ans Eingemachte, dass Herrlichkeit entstehen kann.

Gott ist ein gründlicher Schollenumbrecher. In der Predigt gestern kam die schockierende Frage auf; was wäre, wenn Jesus nicht nur zu Petrus sagt: Schluss mit fischen, sondern zu einem Blumenmönch: Schluss mit Blumenverkauf, ich will dich zum Menschenfischer machen?

Welche eingefahrene Scholle möchte bei dir gerade gewendet werden?

Achtung ABER

So spricht der Herr: Wie lange weigerst du dich, dich vor mir zu demütigen? 2. Mose 10,3

Wir Menschen haben ein Ja-Aber-Problem. Wir diskutieren viel und entscheiden wenig. Wo es um Gott und das wahre Leben geht, schieben wir oft einen Berg voll Ausreden vor uns her. Wo Gott uns sagt, ich habe dich gerufen, du bist mein, kommen hunderttausend ABER, warum das nicht so einfach geht. Lieber Gott, ich finde das ja klasse, dass du etwas mit mir vorhast, aber ganz so einfach geht das nicht. Ich habe so viel Arbeit, die ständigen Verpflichtungen, für die ich Geld verdienen muss. Auf der einen Seite finden wir das faszinierend was Gott mit uns vor hat, auf der anderen Seite türmen wir unzählige ABERs wie ein Gebirge vor ihm auf. Alles triftige Gründe, Gott einen Korb zu geben. Wir treffen täglich zig Entscheidungen, bei denen Gott den Kürzeren zieht. Gott sagt: „Ich habe dich gerufen" – und wir sagen: „Ja schon, aber du kennst doch die Zwänge in denen ich stehe." „Wie lange weigerst du dich?"

Irgendwo spürt jeder diesen inneren Konflikt. Schließlich ist der Geist ja nicht stumm. Wir stehen andauernd in der inneren Zwiesprache, in der wir uns für oder gegen Gott entscheiden. Wir ahnen, dass da noch mehr ist, sind jedoch so im Alltäglichen gefangen, dass wir nur schwer bereit sind, bestehende Abläufe zu hinterfragen. Immer wieder hören wir diese Stimme, die da leise anklopft und uns mit unserer Schöpferkraft verbinden will, doch wir sind viel zu beschäftigt, uns auch noch davon unterbrechen zu lassen. Wann willst du dich vor mir demütigen? Wann bist du bereit, unter mir, an die höchste Stelle deines Lebens zu treten? Mensch, ich will doch Herrlichkeit in dir aufsteigen lassen!

Ist es nicht lebenswichtig, auf unsere ABERs und Ausreden zu achten?

Bleib fokussiert

Ich habe den Herrn allzeit vor Augen. Ps 16,8

Wer kann sich schon erlauben, morgens nach dem Aufstehen, seinen Tag in Ruhe anzugehen? Oft heben wir die Bettdecke, setzen den ersten Fuß auf den Boden und schon beginnt das Riesenrad im Kopf. Da blitzt gleich die To-do-Liste auf, was heute dringend erledigt werden muss. Vor allem sind da noch Aufgaben, die ich gestern nicht geschafft habe, die bereits rot blinken. Es warten so viele Dinge, die nach dir schreien. Du erhöhst das Tempo und stellst abends fest, dass du wieder nicht alles geschafft hast. So lange, bis du eines morgens in der Klinik, statt in deinem Bett aufwachst. Ja, ich hatte einfach keine Zeit, mir die nötige Ruhe zu gönnen. Mir gelingt es nicht innezuhalten, um mich mit einem Impuls auf den Tag einzustimmen, um ihm damit die Richtung zu geben.

Was du anschaust, bekommt Macht über dich, sagt ein altes Wort. Von David kommt: „Ich habe allezeit den Herrn vor Augen." Der Blick wird wie ein Laserstrahl gebündelt. Von der Gießkanne, die breit fließt, wird er zum Brennglas. Er fixiert seine Augen auf den Herrn des Himmels und der Erde. Er brennt sich Liebe und Allmacht in die Augen. Er brennt sich ein Bild von Vergeben, Überwinden und Kraft ins Gedächtnis. Verliebte haben das Bild ihrer Angebeteten stets vor Augen, das sie dauerbeflügelt. Sie sehen nur die Eine, alles andere verblasst oder verschwindet ganz. Den Herrn vor Augen setzt meine Wahrnehmung auf den Einen. Automatisch werden die bisherigen Dinge kleiner. Dieser Blick verändert deine ganze Sichtweise.

Mit diesem Blick siehst du klarer. Du bekommst ein Bild von deiner Zukunft vor Augen, das dir entscheiden hilft, was brauche ich, was nicht, was muss sein und was nicht. Mit diesem fokussierten Blick entstresst sich das viele „Muss" auf das du schaust. Dieser Blick ist ein absoluter Kraftverstärker, mit dem du befreit das Sortieren anfangen kannst.

Auf was möchte ich heute schauen, um in Kraft und Ruhe zu kommen?

Mein Lebensmotto

Dein Wort ist meines Herzens Freude und Trost;
denn ich bin ja nach deinem Namen genannt, Herr, Gott Zebaoth. Jer 15,16

Heute möchte ich mal ganz persönlich werden. Dieses Wort ist mein Konfirmationswort von vor 40 Jahren. Es gibt viele Leute, die haben ein persönliches Programm, die haben Schlachtrufe wie Attempto – ich wag's, oder just do it, oder deum justificare – Gott rechtgeben, wie unser Prior. Mein Motto ist nicht gewählt, sondern wurde mir in jungen Jahren zugesprochen. Es hat für mich in den vergangenen Jahren die eigentliche Bedeutung gewonnen. Das Wort prägt meine Persönlichkeitsstruktur. Auf das Wort hin riskiere ich mein ganzes Leben, stelle alles infrage, was mich umgibt. Das Wort ist mir zur höchsten Autorität geworden, bestimmt meinen Umgang mit anderen und den Grad der Verantwortung, wie ich mein Geschäft führe. Das Wort formt den Umgang mit Krisen. Dieses Wort entscheidet über knallhart und butterweich sein. Es ist für mich der Maßstab, der oft gegen den guten Rat von Menschen steht. Darin liegt meine ganze Freiheit, meine Freude und Trost. Ich kann gelassen mit großen Enttäuschungen umgehen. Ich konnte damit meine Altlasten beerdigen und brauche niemand etwas nachtragen. Ich bin frei für die schönste Aufgabe meines Lebens – Menschen durch das Wort Mut zu machen und sie von ganz oben zu inspirieren.

Ich bin nach seinem Namen genannt: Theophilos – Freund Gottes, frisch verliebt in Gott. Dieses Wort ist das was mich antreibt, was mich jeden Morgen zu euch auf den Weg machen lässt. Ein altes Prophetenwort, breitet sich inzwischen über moderne Kanäle aus. Es ist stark, seine Bestimmung in dem Wort zu haben. Verrückter und tiefer kann ein Leben kaum sein.

Was hält uns zurück, das Wort zu hören und uns davon prägen zu lassen?

Stelle die richtigen Fragen

In eines Mannes Herzen sind viele Pläne;
aber zustande kommt der Ratschluss des Herrn. Spr 19,21

Unsere Pläne sind oft riesengroß. Du hast Geschäftspläne, was du mit deinem Unternehmen bis wann erreichen möchtest. Du hast Lebenspläne, nach denen du das Leben einrichtest, wie es für dich sinnvoll ist. Viele machen gerade Urlaubspläne und freuen sich auf komplett neue Erlebnisse. Gestern erfuhr ich von einem jungen Mann, der plante zu heiraten. Jedoch setzte ein tragischer Motorradunfall ihm ein jähes Ende. Schlagartig platzen alle Pläne und es steht nur noch die verzweifelte Frage der Familie im Raum, was ist nun der nächste Schritt. In Fassungslosigkeit gibt es keinen Plan mehr und man spürt schmerzhaft, wie wenig wir in den Händen haben. Schillernde Pläne werden augenblicklich farblos.

Angesichts unserer Endgültigkeit erkennen wir, dass hinter unseren Plänen ein viel größerer Plan abläuft. Was wirklich in Erfüllung geht, sind die Pläne Gottes. Unser Spiel wirkt dagegen wie eine Sandburg, die bei der nächsten Welle zusammenfällt. Somit konkurrieren im Leben zwei Pläne. Gottes Gedanken, die von seinem ewigen, schöpferischen Denken kommen, und meine Pläne, die sich um die Dinge dieses irdischen Daseins drehen. Je mehr diese beiden Pläne auseinanderklaffen, umso größer der Schock, wenn meine Rechnung nicht aufgeht. Das Beste meines Lebens liegt im Ratschluss des Herrn. Da ist einer, der sich bereits das Genialste für mich ausgedacht hat. Da gibt es einen Plan, der sich erfüllt. Was Gott vorhat, bringt er zum Ziel. Über deinem und meinem Leben steht eine unsterbliche Absicht. Du bist gemacht für einen unglaublichen Schöpferplan.

Herr, was ist dein Plan mit mir, ist unsere wichtigste Lebensfrage. Wir stehen morgens auf, um nichts anderes als diese Frage zu beantworten. Alle anderen Rechnungen werden auf die Dauer nicht aufgehen.

Welche Frage stellst du dir heute, um diesem Plan näher zu kommen?

Wage Schritte ins Ungewisse

Dem Herrn, eurem Gott, sollt ihr dienen,
so wird er dein Brot und dein Wasser segnen. 2. Mose 23,25

Kaum geht es durch die Wüste, fängt das Herz zu sorgen an. Auf der Wüstenwanderung kommt das Volk Israel in einen persönlichen Engpass. Es wird heißer als sonst, Wasser wird knapp und gebratene Tauben fliegen auch keine herum. Innerlich legt es einen Schalter um und sie vergessen, wer sie sind. Aus lauter Sorge, wie werden wir das überstehen, verschwitzen sie ihre Berufung. Sie sorgen sich nur noch um ihre nackte Haut und verlieren Gott aus den Augen. Lieber Gott, wir haben jetzt keine Zeit für dich, wir müssen erst unser Schäfchen ins Trockene bringen. Unter ihrer Sorge ums Alltägliche schwindet der Glaube. Wenn´s an den Kragen geht, ist Gottvertrauen fort. Doch gerade in der Wüste geht es um Gottesdienst. Im Aus will Segen fließen. Dort wo es eng wird, soll der Dienst am Nächsten nicht aufhören. Beim Eintritt ins Kloster gab's ein Wort für mich: „Machen wir Gottes Angelegenheiten zu den unseren, dann macht er unsere zu den seinen." Wir sind gerufen zu dienen, alles andere ist seine Sache.

Segen erfahren wir nicht wo wir uns abrackern, sondern wo wir unsere Berufung trotz Wüste leben. Die Kirche, eine Gemeinschaft, jeder Einzelne hat einen Auftrag, für den er gedacht ist. Wir haben das Wort auszuteilen und mit den Hungrigen das Brot zu brechen, weil wir es selbst empfangen haben. Den Ängstlichen haben wir Mut zuzusprechen und die Kraftlosen aufzurichten. Unser Fokus liegt auf dem, was wir schon lange haben und nicht auf dem, was fehlt. Konzentrieren wir uns viel mehr auf das, was Gott durch uns bewirken will, dann wird der Segen für alles andere zufallen.

Wo wagen wir glaubend Schritte, auch wenn die Zukunft düster aussieht?

Atme tief auf

Gott sprach zu Jakob: Ich bin Gott, der Gott deines Vaters; fürchte dich nicht.
Ich will mit dir hinab nach Ägypten ziehen und will dich auch wieder heraufführen. 1. Mose 46,3-4

Jakob war ein alter Mann, der so viel durchmachte, dass er sich nur noch nach Ruhe sehnte. Er konnte jedoch noch nicht sterben, weil da die Sache mit seinem Sohn war, die ihn ein Leben lang nicht zur Ruhe kommen ließ. Josef, der in jungen Jahren anscheinend von wilden Tieren zerfleischt wurde, hat tiefe Wunden in seiner Seele hinterlassen. Jetzt ist er von dem tot Geglaubten aufgefordert worden, nach Ägypten zu reisen. In die Angst und in alle Befürchtungen, ob das alles wahr sein kann, meldet sich Gott zu Wort. Geh und mach diesen Schritt. Ich stehe hinter der unglaublichen Geschichte, die der Schmerz deines Lebens war. Das was dich ein Leben lang belastet hat, kann zur Ruhe kommen. Mit diesem Aufbruch in die Zukunft wird sich deine Vergangenheit klären. Nichts von all dem, was dir zu schaffen machte, war sinnlos gewesen oder außerhalb meiner Führung. Der alte Mann ging und es gab eine herzzerreißende Szene der Wiedersehensfreude. Er war danach mit seinem Lebensschmerz versöhnt und ist zur Ruhe gekommen.

Was wir auch an Unbewältigtem mit uns herumtragen, es ist nie das Letzte. All das, was belastet und niederdrückt, steht unter der Zusage: Fürchte dich nicht! Es gibt keinen Grund unter Lasten zu zerbrechen. Wenn Gott aufträgt seinen Weg zu gehen, dann geht dieser über das Kreuz Christi. Genau dort werden Altlasten entsorgt. Das Belastende geht nicht von selbst, sondern wir müssen uns mutig auf diesen Weg machen. Damit werden müde Hände stark und wankende Knie fest. Schritte werden sicher und wir gehen aufrecht. Es ist der Abschied aus der Beklemmung.

Wo müssen wir diesen Aufbruch wagen, um tief aufatmen zu können?

Blockiere nicht deinen Umbruch

Ihr sagt: „Der Herr handelt nicht recht." So höret nun, ihr vom Hause Israel: Handle denn ich unrecht? Ist's nicht vielleicht so, dass ihr unrecht handelt? Hes 18,25

Ist die Beziehung im Eimer, liegt es am Partner, der sich unmöglich verhält. Läuft der Betrieb nicht rund, ist es die Konkurrenz oder die schlechte Wirtschaftslage. Geht die Gesundheit baden, sind es Kollegen, die einen mobben. Wird ein Verbrechen begangen, stellen Spezialisten fest, eine unbehütete Kindheit ist schuld. Seit dem Paradies schlägt der Mensch mit faulen Ausreden um sich. Dabei liegt die Lösung der meisten Probleme in uns, wo wir bereit werden, dafür verantwortlich zu sein.

Adam sagt: Ich war's nicht, sondern die Frau, die du mir gegeben hast. Eva sagt: Ich war's nicht, die Schlange hat mich verführt. Als letztes ist Gott schuld, der es zugelassen hat. Doch in all den Fragen, die uns das Leben aufgibt, geht es nur um meine Antwort. Wir haben dem Leben keine Fragen zu stellen, wir haben nicht anzuklagen, wir brauchen nur zu antworten. Wenn uns das Haus abbrennt, sucht die Kripo natürlich nach dem Brandstifter, doch ich habe dem Trümmerhaufen meine Antwort zu geben. Wo ich anklage oder Mitleid suche, werde ich selbst zum Trümmerhaufen. Wo ich anfange, darauf zu antworten, kann ich sagen: Ich habe nichts mehr, doch ich bin alles. Allein dadurch, dass ich bin, bin ich selbst das Gottesgeschenk, das die Trümmer wieder aufrichtet.

Die Schuldfrage wird in mir entschieden. David klopfte sich auf die Brust und sagte: Ich bin der Mann. Mit dieser Erkenntnis geht der Himmel auf. Damit esse ich die Früchte vom Baum des Lebens und genieße Eucharistie. In der Danksagung vor Gott verliert die Schuldfrage ihre Bedeutung. Jetzt bin ich ein offenes Buch, in dem Gott Geschichte schreibt.

Wo blockieren unsere Ausreden den Umbruch, den Gott schaffen will?

Lass dich transformieren

Meine Lippen und meine Seele, die du erlöst hast,
sollen fröhlich sein und dir lobsingen. Ps 71,23

Wenn aus einem Zweifamilienhaus mit Arztpraxis ein Doppelhaus mit vierzehn Wohnungen entsteht, gibt es eine Großbaustelle. Die haben wir gerade direkt gegenüber unseres Blumenhauses. Große Bagger rissen das alte Bauwerk ab, um für viel Neues Platz zu schaffen. Lebenssituationen, die brüchig geworden sind, die Trauer tragen, brauchen massives Geschütz, um daraus fröhliche Lobsänger entstehen zu lassen.

Man liebt das Altvertraute, das in überschaubaren, geregelten Bahnen abläuft. Zuviel Neues macht unsicher, weil man unbekanntes Land betritt. Lieber arrangiert man sich mit belastenden Umständen, um nicht irgendwo ein großes Fass aufzumachen. Man weiß, das Leben in einer Gemeinschaft ist überlastet und man hat heillose Angst, entschlossen eine radikale Veränderung herbeizuführen. Der Psalmist hat den Plan für einen Neubau. Gott rückt da mit richtig großem Gerät an, um einen gewaltigen Umbau zu starten. Vom Alten loslösen geht ans Eingemachte. Da muss der ganze Schutt raus, da muss abgebrochen werden, da muss Christus erst mal kräftig entsorgen. Die ganzen Enttäuschungen müssen aus dem Keller raus, der Frust muss weg, die lähmenden Befangenheiten losgelassen werden. Erlösung ist Startschuss für Neues.

Wenn der ganze Dreck weg ist, entstehen die Fundamente für das große Halleluja. Da bricht befreites Menschsein an. Da werden wir zu lobenden Menschen. Wenn der Staub von der Geige runter ist, wird sie wieder der einmalige Klangkörper, zu dem sie gedacht ist. Um zum Klang unseres Lebens zu werden, soll in uns die größte Umgestaltung beginnen. Mit unserem Lobgesang ermutigen wir andere sich transformieren zu lassen.

Wo halten wir an Altem fest, und verhindern die Umgestaltung der Welt?

Dein Reich komme

Der Gott des Himmels wird ein Reich aufrichten, das nimmermehr zerstört wird. Dan 2,44

Wir freuen uns, wenn vor dreißig Jahren zwei Landesteile zu einem Volk wurden und Todesstreifen der Vergangenheit angehören. Doch dieser Traum von der heilen Welt wird täglich angekratzt. Noch gehen die Friedenslichter immer wieder aus. Doch trotz Schmerz geht Frieden.

Wir sind aufgewühlt, von dem was täglich zerbricht. Mit grässlichen Bildern wird uns serviert, wie hoffnungslos alles ist. Nachrichtenagenturen verdienen eine Menge Geld damit, indem sie mit zerbombten Städten, Autos, die in Menschenmengen fahren, Ehen, die in Königshäusern in die Brüche gehen, den Weltuntergang in unsere Seelen massieren. Wir selbst sehen, wie durch Krankheiten Leben zerstört wird. Menschen die von Herzen glauben und ihr Leben Gott verschrieben haben, stehen gebannt vor dem Feuer, das ihre Kirche auffrisst. Lähmend werden wir von dem Gefühl begleitet, es hat ja sowieso keinen Wert, dagegen anzugehen. Wenn da nicht der Widerspruch Gottes wäre.

Unserer zerfallenden Realität steht ewig Bleibendes gegenüber. Gott setzt einen Anker in diese durchgeschüttelte Welt, der nimmermehr zerstört wird. Die Baustelle für das neue Reich ist das Kreuz auf Golgatha. Gottes Antwort auf Zerstörung heißt: Verwandlung zum Leben. Mit Christus entsteht in der Welt der Selbstauflösung das Reich des Friedens. Dieses Reich kommt mit ganzer Macht, nicht von außen, sondern von innen. Es kommt nicht irgendwann, es kommt jetzt und es lebt auf in meinen Zerbrüchen. Dieses Unzerstörbare ist nur einen Augenblick der Stille weit weg. Dieses Reich will heute in uns aufbrechen.

Lassen wir diesen gewaltigen Umbruch in uns aufrichten, oder bleiben wir in unserer kaputten Welt?

Ein starkes Bild will dich verwandeln

Der Herr erhörte unser Schreien und sah unser Elend, unsere Angst und Not. 5. Mose 26,7

Zukunftsforscher sagen, unsere Gedanken erschaffen unsere Zukunft. Veränderungen geschehen dadurch, dass wir ein Bild von einem zukünftigen Ereignis entwickeln, auf das wir uns zubewegen. Wo jemand den Berufswunsch Herzchirurg hat, trifft er eine Wahl, für die er alles tun wird, dass ihn sein Weg in diese Richtung führt. Er wählt den nötigen Studiengang, besorgt sich entsprechende Literatur, tut sich mit den entsprechenden Leuten zusammen, die ihn unterstützen dieses Ziel zu erreichen. Ab der Entscheidung als Schüler beginnt bei ihm ein Veränderungsprozess, der ihn zum Herzspezialisten werden lässt.

Wer in seiner Not zu Gott schreit, sucht nach tiefgreifender Veränderung. Oft stellen wir uns vor, dass Gott das Elend umkrempelt, damit es uns besser geht, doch die eigentliche Umgestaltung passiert an uns. Zwei Gründe treiben uns an zu Gott zu schreien. Zum einen wollen wir aus einer unerträglichen Situation heraus, zum andern wollen wir uns hoffnungsvoll auf etwas zubewegen, z. B. Frieden. Im Schreien zu Gott haben wir das Bild der heilen Gotteswelt vor Augen. Das Bild des Christus steht vor uns, der Blinde heilt und in der ungerechten Welt ein neues Recht schafft. Das treibt uns zur Hoffnung an, die in die Zukunft schreien lässt. Im Schreien haben wir uns entschlossen, auf die Welt Gottes zu zu leben.

Mit dem Schreien leiten wir eine Veränderung an uns ein. Aus der Realität der Not bewege ich mich in die Realität Gottes. Ich werde zu dem, nach dem ich schreie. Mehr und mehr wird die Gottesgegenwart zu meiner Gegenwart. In mir fließen die göttlichen Heilskräfte, die in das Elend hineinwirken. Mit meiner Umgestaltung erhört Gott mein Schreien.

In welches Bild wollen wir uns hineinverwandeln lassen?

Öffne dein Herz dem Geringen

Wer sich des Armen erbarmt, der ehrt Gott. Spr 14,31

Warum hat ein verschwenderischer reicher Gott so ein empfindsames Herz für die Armen? Er will Paradies, doch zweifelnde Seelen stellen die falschen Fragen und verlieren es. Er will ewiges Leben verschenken, doch verblendete Gemüter haben vergänglich Irdisches für wesentlich erklärt. Der Mensch kämpft um seinen Reichtum und merkt nicht, dass Armut mit Gottes Entzug beginnt.

Reichtum entsteht, wo der Schöpfer aus dem Nichts schöpft. Die Armseligkeit ist die empfangende Eizelle, die durch das Wort zu einer Neuschöpfung befruchtet wird. Am Anfang war das Wort und das Wort war bei Gott und Gott war das Wort, sagt Johannes. Das ist das schöpferische Gesetz des Reichtums. Zuerst ist Leere, einfach nichts. Dann kommt nicht der Spaten, sondern ein Wort von Gott. Vakuum plus Wort ergibt Materie. Diese Kombination hat ein unendliches Universum geschaffen. Was mit Leben infiziert wird, wird mehr. Fülle entsteht, wo sich die Liebe des Lebens in Armut investiert, und wo sich Gott in menschliche Ohnmacht ausbreiten darf. Gott erwählt das Schwache, um das scheinbar menschlich Starke Lügen zu strafen. Im Schwachen verherrlicht sich Gott. Somit kann sich im Armen die größte Gotteswirklichkeit offenbaren.

Wo ich mich des Armen erbarme, fließt ihm die größtmögliche Zuwendung der Liebe zu. Wo ich mein Herz dem Mittellosen öffne, bin ich die Gabe Gottes, die das geknickte Rohr aufrichtet. Am Armen geschieht mein Christusdienst, der zur Anbetung wird. Ich bedecke den Armen mit dem Mantel der Barmherzigkeit und heilige sein Leben. Ich ehre Gott nicht nur mit erhebenden Liedern, sondern mit einer Liebe die in den Mangel fließt.

Wo könnte mein Gotteslob ein offenes Herz für das Geringe sein?

Wer sollte uns von Liebe trennen?

Von allen Seiten umgibst du mich und hältst deine Hand über mir. Ps 139,5

„Alles Materielle, alles was wir sehen und anfassen können, besteht aus Atomen, die jenseits von Raum und Zeit miteinander verbunden sind. Dadurch sind auch sie und ich zusammen mit allen Dingen im Universum über dieses Beziehungsnetz miteinander verbunden. Es spendet allen Dingen Leben, Information, Energie und Bewusstsein. Dahinter steht eine Intelligenz, die sie tatsächlich so sehr liebt, dass sie ins Leben liebt." So drückt die Wissenschaft in der Quantenphysik diesen Psalm aus.

Egal wo wir stehen, wie wir denken, welche Lebensauffassungen wir haben, wir sind die Eingehüllten von einem unendlichen Raum. Die Zeitachse unserer paar Lebensjahre ist durchflutet von der Welt Gottes. Gott ist von der dreckigsten Ecke dieser Erde nicht wegzudenken. Dieser Raum ohne Zeit, diese ewige Welt überlagert alles, was in unserem zeitlichen Rahmen geschieht. Die vergehende Welt ist von diesem endlosen Sein nicht zu trennen. Das Ewige ist mitten im Jetzt. Ewiges Wohlwollen Gottes liegt auf allem. Glühende Liebe umhüllt die Welt. Das Kind in der Krippe schließt uns den Himmel auf für diese universelle Liebe.

Wenn Liebe die Trägersubstanz allen Lebens ist, hat das gewaltige Auswirkungen auf alle persönlichen und gesellschaftlichen Herausforderungen. Da sind mein Unglück, meine Krebsdiagnose, mein Zeitmangel und alle Widrigkeiten meines Lebens, mit der ins Leben bringenden Liebe verbunden. Alle Pfade durch die Schicksale des Lebens, münden im Erbarmen Gottes. Wenn wir Schiffbruch erleiden, fallen wir nur in das Meer, das Gott selbst ist.

Wer will uns scheiden von der Liebe Christi? Angst, Stress, oder Demütigung, oder wirtschaftlicher Bankrott?

Steh auf und wirke

Wenn sie auch wider dich streiten, werden sie dir dennoch nichts anhaben können; denn ich bin bei dir, spricht der Herr, dass ich dich errette. Jer 1,19

Eine Schubkarre und zwei Spaten waren das Startkapital der Blumenmönche. Innerhalb von fünfzehn Jahren entstand daraus ein Millionenprojekt mit ca. hundert Mitarbeitern. Die Voraussetzung: Zwei Hände voll junger Leute, die gerade schulentlassen waren, und zum Teil noch keinerlei Ausbildung hatten. Was Dreckhaufen und Ödland gegen allen Widerstand zum Wunder werden ließen, war: Ich bin bei dir!

Diese vier kleinen Worte sind die bewegendsten Worte der Welt. Sie durchzuckten Luther vor dem Reichstag in Worms, zu dem geschichtsträchtigen Satz: „Hier stehe ich, ich kann nicht anders!“ Ich bin mit dir, ist die kraftvollste Spritladung, die ein Mensch je tanken kann. Dahinter steht der ICH-BIN-GOTT. Das ist Schöpfung pur. Unendliche Schaffenskraft macht sich auf den Weg zum Menschen. Da ist geballte Energie, die durch nichts aufzuhalten ist. Hier überschlägt sich der Kosmos. Das ist der Werkstoff, aus dem die größten Persönlichkeiten geschaffen wurden. In den Widerwärtigkeiten des Lebens, werden dadurch Menschen zum Bollwerk gegen alle Auflösung und Zerstörung.

Diese Rückendeckung von höchster Stelle verschafft gebrechlichen Menschen schöpferische Autorität. Der Griff nach dem Wort, der Glaube an Christus, sind die Pipeline, durch die diese nicht zu bändigende Energie fließt. Glaube ist kein Bekenntnis, hat nichts mit christlicher Tradition zu tun; Glaube ist ein Feuerwerk von Kraft, das die Welt umkrempelt. Es sind keine netten, schönen Worte, sondern eine Wirkung, die Menschen ermutigt, kraftvoll gegen das Unheil anzutreten. Durch das „ich bin bei dir“ geht ein Ruck durch die Glaubenden, der in aller Erniedrigung aufrichtet.

Wenn Gott für uns streitet, wozu dann die Angst, wir würden umkommen?

Da geht noch viel mehr

Der Herr sprach zu Jeremia: Siehe, ich lege meine Worte in deinen Mund. Jer 1,9

Gott ist wie ein Adler. Ein absolut herausfordernder Führungsexperte. Irgendwann entfernt der Adler alle bequemen Teile aus dem Nest. Für die Jungen wird es immer ungemütlicher. Das angenehme Polster kommt raus, bis nur noch knorrige Äste übrig bleiben. Er schubst die Jungen aus dem Nest, damit sie fliegen lernen. Öffnet eines seiner Sprösslinge nicht die Flügel, geht er im Sturzflug hinterher, um es aufzufangen, zurückzubringen und es bald darauf wieder rauszuwerfen. Jeremia wird aus dem Nest geworfen. Auf Berufung reagiert er allzu menschlich. Ich kann das nicht! Ich bin zu jung! Ich habe keine Erfahrung! Gott schmunzelt über derartige Ausreden. Wo wir den Schwanz einziehen, schüttelt Gott uns durch. Wenn ich dir einen Auftrag gebe, geht es nicht um deine Erfahrung, es geht nicht um deine Kompetenz. Es geht rein um dein Wollen. Mir reicht dein Ja, mir reicht Vertrauen und ein Fünkchen Glaube, den Rest lege ich oben drauf. Du sollst predigen und hast keine Ausbildung zum Redner, na prima; ich lege meine Worte in deinen Mund.

Wenn Gott Aufträge verteilt, geht viel mehr. Damit passen unsere Vorstellungen von Bildung nicht zusammen. Gott fordert uns heraus, Schritte ins Ungewisse zu tun. Er will uns unter seinen Händen wachsen sehen. Er will Glauben wecken und Angst überwinden. Aus einem Hasenfuß macht er kernige Propheten. Wo wir anfangen zu kneifen, verspielen wir das Potenzial, das Gott in uns entfalten will. Wieviel hat sich da im Reich Gottes nicht entwickelt, weil Menschen dem Ruf nicht trauten? Gott weiß, da geht noch viel mehr, weil er es hineinlegt.

Wo kneifen wir, wenn wir eigentlich zum Fliegen ansetzen sollen?

Werde verrückter

Man wird wieder hören den Jubel der Freude und Wonne, die Stimme des Bräutigams und der Braut und die Stimme derer, die da sagen: Danket dem Herrn Zebaoth; denn er ist freundlich, und seine Güte währet ewiglich. Jer 33,11

Von klein auf bekommen wir beigebracht: Sei vernünftig! Selbst wenn du in einer Lebensgemeinschaft lebst, begleiten dich, wenn du in den Urlaub fährst, Ratschläge wie: Pass auf dich auf und gehe kein Risiko ein! Vor allem bedenke, du bist Mönch, blamiere nicht die Innung. Mag sein, wenn einer mich betrachtet, dass er befürchtet, ich würde leicht über die Stränge schlagen. Vor zwei Jahren war ich einfach einmal unvernünftig. Da bekam ich eine Einladung zum Gleitschirm fliegen. Zunächst sind da die inneren Stimmen, die an die Vernunft appellieren, doch dann siegte die Freude. :-) Und plötzlich hing ich in den Seilen und schwebte über die bayrischen Alpen. Es war herrlich und ich war glücklich wie ein kleines Kind.

Wenn wir Jesus, die Propheten und die Apostel hören, ziehen sie bei uns in erster Linie den ernsten Stöpsel. Gott ist kein Kind von Traurigkeit. Er lädt Müde und Beladene zur Hochzeit ein. Also Ausnahmezustand im Alltagstrott. Tanz statt Krampf. Lachen statt Weinen. Zur Freude sind wir geschaffen. Jede Blume die uns anlächelt, will uns daran erinnern. Die Hirten und die Weisen freuten sich, als sie das Kind in der Krippe sahen. Was von Gott kommt ist Fest. Bierernste Mienen sind bei der Hochzeit unerwünscht. Die Sorgenfalten auf der Stirn sollen Lachfalten werden.

Gott macht mit uns ein Freudentraining. Er will dich wieder Kind sein lassen. Stell dir einfach mal vor, in einem schwarzen Anzug voller Freude in eine Pfütze zu springen. Du würdest vielleicht an Anstand verlieren, jedoch an Lebensfreude überquellen. Leg' deine Trauerkleider ab.

Welchem Ernst könntest du heute mit einer Verrücktheit begegnen?

Lass Abenteuer zu

Gott spricht: Von nun an lasse ich dich Neues hören und Verborgenes, das du nicht wusstest. Jes 48,6

Nach 40 Jahren kommunistischer Herrschaft, hat jeder mehr oder weniger willig, sein Leben auf das Stasi System eingerichtet. Mauern sind wie Beton im Kopf, dass wir nicht glauben können, dass sich je etwas ändert. 1989 gingen die Grenzen auf und Trabi-Kolonnen rollten gen Westen. Ich lasse dich Neues hören, gilt einem Volk im Exil. Jahrzehntelange Gefangenschaft soll auf einmal vorbei sein. Israels Leben wird neu aufgemischt. Die Geschichtsschreibung schlägt ein neues Kapitel auf. Gewaltige Umbrüche, von denen manch einer geträumt hat, doch niemand für möglich gehalten. Wenn Gott in das Rad der Geschichte eingreift, ist das wie Neuschöpfung. Aus dem Nichts wird alles. Da werden Gehirnzellen total aufgemischt. Die fettesten Probleme lösen sich in Luft auf. Was kein Presslufthammer geschafft hätte, lösen heilige Worte von oben aus. Zeigt uns, wir denken viel zu klein von Gott und bewerten unsere Engpässe über.

Wenn ein neuer Tag beginnt sind wir vor Überraschungen nie sicher. Damit ist heute möglich, was gestern noch nicht ging. Wenn Gott Geschichte schreibt, wenn er seine Geheimnisse offenbart, dann kommt immer Übermacht in Ohnmacht. Es liegt einzig an uns, die wir nicht glauben, dass Mauern fallen können. Wir sind diejenigen die das Neue blockieren, weil wir es nicht für möglich halten. Wir bleiben zu lange im Alten, weil wir nicht die Chance ergreifen, auf das Neue zuzugehen. Vieles von dem was Gott offenbaren will bleibt verborgen, weil wir uns lieber im Gewohnten aufhalten, als einen Schritt über unsere Begrenzung zu wagen. Gott führt, daher gehen Türen auf, die uns verschlossen sind.

Sind wir bereit uns auf dieses Abenteuer einzulassen?

Schnappe die 10 Millionen

Unsere Seele ist entronnen, wie ein Vogel dem Netze des Vogelfängers; das Netz ist zerrissen, und wir sind frei. Ps 124,7

Heute erklingt die Melodie der Zauberflöte. Jedoch befreien wir nicht wie der Vogelfänger Papageno Pamina, die Tochter der Königin der Nacht, die von dem Fürsten Sarastro entführt wurde, sondern unter einem magischen Glockenspiel wollen unsere Ohren Freiheitsklänge hören. Es wollen Töne in uns eingehen, die unsere Seele zum Fliegen bringen. Wir nehmen wahr, was unser Verstand verarbeiten kann und merken gar nicht, dass er uns die größten Stricke dreht. Ein Zauber will uns entfesseln.

Wenn Netze zerreißen und Seelen frei werden, dann treffen zwei Extreme aufeinander. Die reale, sichtbare Welt, die wir mit unseren Sinnen erfassen und die reale, unsichtbare Welt Gottes, die in kein verständliches Schema passt. Für uns ist real, was wir sehen, hören, schmecken und tasten können. Von elf Millionen Reizen pro Sekunde, die auf uns einströmen, nehmen wir zweihundert wahr, die unser Verstand verarbeiten kann. Dieser Bruchteil ist unsere Realität, von dem wir behaupten, das ist wahr. Die restlichen über zehn Millionen Informationen werden ausgeblendet oder verzerrt. In dem unendlichen Universum leben wir in unserer kleinen Box und reden von unserer freien Wahrnehmung. Wir pochen auf unser Recht und merken nicht, dass wir gerade Opfer unserer eigenen, winzigen Realität, Auffassung und Sichtweise sind.

Frei sein heißt, aus meiner kleinen Box auszubrechen. Wo der Geist Christi frei macht, wird Gottes Realität zu unserer Realität. Da dreht sich unsere Sichtweise komplett um. Da sind wir nicht der Tropfen im Ozean, sondern in jedem Tropfen ist der ganze Ozean. Damit ist nicht möglich, was der Verstand denken kann, sondern das ist der Zauber des Glaubens, dass die zusätzlichen über zehn Millionen Möglichkeiten real da sind.

Was würde ich versuchen, wenn viel mehr möglich ist und ich frei bin?

Danke für Überfluss

Du sollst nicht stehlen. 2. Mose 20,15

2002 überzog eine Handelskette das Land mit dem Slogan: Geiz ist geil. Dahinter steht der Gedanke – kaufe alles so billig wie möglich, dann gehörst du zu den Guten. Reize aus was geht, zwinge Händler und Produzenten in die Knie, hol' dir was du willst, den Preis zahlt ein anderer. Dieses gierige Prinzip offenbart eine armselige Mentalität, die aus einem Mangel heraus lebt. Man ist von der Angst getrieben, zu kurz zu kommen. Damit bewegt man sich auf der emotionalen Werteskala, in dem Bereich, der dem Leben Kraft raubt anstatt schenkt. Das siebte Gebot,will uns in den grenzenlosen Überfluss der Schöpfung stellen.

Diesem Gebot geht das erste voraus: Ich bin der Herr dein Gott. Damit ist aller Welt gesagt, wo Gott ist, fehlt es an nichts. Leben ist Energie in Hülle und Fülle. Die Lager der Schöpfung sind brechend voll. Wenn Gott austeilt, ist er der pure Verschwender. Wenn er Menschen macht, schafft er 7, 5 Milliarden Originale. Eine Blumenwiese strotzt vor Vielfalt der Arten. Hinter allem was ist, liebt sich der größte Verschenker ins Leben. Liebe kann nicht bei sich bleiben, sie muss sich verschenken. Menschen sind, egal was sie daraus gemacht haben, in den Reichtum an Gaben hineingeboren. Von Gott her ist genug für alle da. Wir fangen dort an zu knapsen, wo wir unsere Gaben zurückhalten, weil wir Angst haben zu verlieren. Im Mangeldenken wird die Gier nach mehr, nach dem Gut des anderen gezüchtet. Statt Geber werden wir Haben-Woller.

Dieses Gebot will uns einladen, unser Herz zu dehnen und weit zu werden. In dem Moment, wo wir uns dessen bewusst werden, wer Gott ist und wer wir sind, leben wir aus Fülle, die dankbar macht. Wo wir uns im Vertrauen darauf, dass alles da ist, anfangen uns zu verschenken, wechseln wir vom Kraftfeld des Mangels in die Kraft des Überflusses.

Was würde mehr werden, wenn wir anfingen, uns dankbar hinzugeben?

Die Kopfverdreherin

So spricht der Herr: Suchet mich, so werdet ihr leben. Am 5,4

Diese Weisheit könnte von der Sonnenblume stammen. Von klein auf ist sie eine Kopfverdreherin. Trotz ihrer straffen Stiele, hat sie einen eleganten Hals. Wenn Sonne da ist, dreht sie ihr Gesicht zur Sonne. Die Sonnenblume hat Wesentliches kapiert, sie sucht Sonne. Anders hätte sie kein solch intensives Strahlen. Sie fasziniert durch ihre Leuchtkraft. Sie ist lichtdurchflutet, ist Sonnenanbeter. Sie weiß, Sonne ist mein Leben. Das weiß der kleinste Sonnenblumenkern, wenn er in die Erde gesteckt wird. Er weiß, ich bin ein Sonnenkind. Was für die Sonnenblume selbstverständlich ist, damit tun sich Menschen schwer. Sie suchen oft ein Leben lang in alle Richtungen. Der Prophet Amos hat da mit dem Volk Israel seine liebe Not. In ganzer Klarheit und mit scharfer gesellschaftlicher Kritik, verdeutlicht er, Leute, ihr schaut in die verkehrte Richtung. Wenn ihr euch vom Licht abwendet, braucht ihr euch nicht wundern, wenn es euch schwarz vor Augen wird. Lasst eure Ibus in der Schublade und schaut auf das, wozu ihr gemacht seid. Viele eurer Kopfschmerzen kommen daher, weil euch die Lichter ausgegangen sind. Ihr seid geschaffen, Gottesanbeter zu sein. Sucht euer Spiegelbild in Gott, dann werdet ihr strahlen.

Mit der Suche entscheiden wir über unser Wohl und Wehe. Das was wir suchen, strahlen wir ab. Man sieht uns an, was wir anschauen. Wo die Augen müde geworden sind, wo das Gesicht keine Leuchtkraft hat, wo wir nur noch Probleme sehen, ist der Blickkontakt zum Leben weg. Glaube kann nur aus dem von Angesicht zu Angesicht leben. Unsere Nächte sind dazu da, den Kopf zu verdrehen. Suche in jeder Lage das Licht, das Wort, den Christus, dann kommt Leuchten von ganz alleine.

Wo müssen wir bei der täglichen Suche viel schneller den Kopf drehen?

Ich wag's

Mein Leben ist immer in Gefahr; aber dein Gesetz vergesse ich nicht. Ps 119,109

Es gibt oft mehr Situationen, an denen wir davonlaufen könnten, als solche, an denen wir Hütten bauen wollen. Da sind viele Kleinigkeiten, die mehr Frust als Freude sind. Das Barometer des Lebens ist ein Wechselbad der Gefühle. Wohl dem, der sich im Auf und Ab, tragfähige Rituale eingerichtet hat. Der Psalmist setzt ein Aber. Zu den Schlägen des Lebens setzt er einen Gegenschlag. Im Klosterleben sind die Stundengebete tragfähige Ankerpunkte. Dreimal am Tag geschieht bei uns ein bewusster Einschnitt in die fordernde Tagesroutine. Es ist das Stoppschild gegen das Vergessen. Es ist Einkehr und Heimkommen auf stürmischer See. Dein Gesetz vergesse ich nicht, ist die Herz-Lungen-Maschine des kollabierenden Lebens. Durch das Wort gibt es ständig einen neuen Impuls, der Blut durch die Adern pumpt. Durch Gottes Wort fließt Schöpferisches in Verbrauchtes.

Wo wir ein Ritual gegen das Vergessen schaffen, geben wir Gott die Chance, gegen unsere Absacker zu wirken. Vergessen heißt, sich von den Alltäglichkeiten auffressen und wegspülen zu lassen. Es bedeutet sich selbst der Kraftlosigkeit und dem Frust auszuliefern. Wer vergisst, verliert die Perspektive. Alles wird mühsamer, träge und aussichtsloser. Vergessen heißt, in der Gefahr unterzugehen. Wir alle wissen, wie schnell einem das Leben zusetzt, daher brauchen wir ein Ritual gegen das Vergessen. Schaffen wir uns Raum für Besinnung, gönnen wir unseren Tagen heilige Momente, die unseren Pulsschlag erhöhen. Planen wir feste Zeiten ein für Wort und Gebet. Dann können wir aufrecht die Wege gehen, bei denen alles gegen uns spricht.

Haben wir heilige Orte zum Kraft schöpfen, um dann zu sagen: Ich wag's?

Nutze ein starkes Morgenritual

Herr, frühe wolltest du meine Stimme hören,
frühe will ich mich zu dir wenden und aufmerken. Ps 5,4

Von der Augsburger Puppenkiste gab es das Puppentheaterstück: „Katze mit Hut“. Empfangschef ihres Hauses war der tollpatschige Stolpervogel. Solch ein Stolpervogel könnten Menschen sein, die morgens aus dem Bett aufstehen und hastig in den Tag stolpern. Der Wecker ist so gestellt, dass man sich von der ersten Sekunde an unter Zeitdruck befindet, um sich zu richten, eventuell im Vorbeigehen noch einen Kaffee mitnimmt und ab zur Arbeit. Ein Morgenritual, das gezwungenerweise einen stressigen Tag verschafft und ein durch den Tag stolpern vorprogrammiert.

Der Psalmist kennt den Wert eines ganz bewussten Morgenrituals. Bereits bevor wir die Bettdecke wegziehen, beginnt eine innere Ausrichtung. Gerade wenn unser Geist im Übergang von der Traumphase zur Wachphase ist, ist die beste Zeit, um ihn auf Gottes Geist auszurichten. Hier schaltet das Unterbewusstsein ins Tagesbewusstsein, wo wir absolut empfänglich für das Reden Gottes sind. In diesen ersten 15 bis 30 Minuten werden die Weichen gestellt, wohin heute die Reise geht. Da sind wir online mit dem Himmel. Wir werden auf das eingestimmt, wer wir sind und was uns antreibt. Da läuft der Datenaustausch, der entscheidet, ob wir freudig gestalten, oder das System irgendwann überlastet kollabiert.

Wir entscheiden in diesen ersten Minuten, ob wir unseren Tag mit dem Heiligen Geist synchronisieren und dadurch zum bewussten Gestalter dieses Tages werden, oder ob uns die auf uns zufliegenden Aufgaben bestimmen. Wo wir auf Gottes Stimme hören, übernimmt das Wort die Führung. Damit stolpern wir nicht einfach auf das zu was kommt.

Wie würde unser Tag verlaufen, wenn wir etwas früher aufstehen und unseren Tag kraftvoll ausrichten?

Wir haben den Generalschlüssel

Das Gesetz des Herrn ist vollkommen und erquickt die Seele. Ps 19,8

Was vollkommen ist, lässt sich nicht toppen. Besser geht nicht mehr. Da ist Schöpfung makellos ausgereizt. Unvergleichbar ist die Genialität, die von Gott ausgeht. Vollkommen ist Gott selbst. Da ist die mit Haut und Haaren perfekte Welt. Das ist Herrlichkeit. Daraus sind nicht die Gesetze unserer Regierung oder die Straßenverkehrsgesetze, sondern das Gesetz für das Leben gemacht. Allein die Schöpfungsordnungen, die uns in ganzer Selbstverständlichkeit umgeben, garantieren jeden Atemzug. Ohne unser Zutun geht morgens die Sonne auf. Es gibt Saat und Ernte, Sommer und Winter. Die Naturgesetze haben eine Faszinationskraft, die Forscher aller Zeiten bewegte. Lebensgesetze, welche Seelen erquicken, sind der heiße Draht, zwischen sichtbarer und unsichtbarer Welt. Da fließen vollkommene Kräfte in unvollkommene Menschen. Damit kann Niedergeschlagenes wieder aufstehen. Es ist Wiederbelebungs-Gesetz. Es ist das Ganz-mach-Gesetz für Kaputtes. Es ist das Christus-Gesetz, für alles was in uns sterben will. In ihm liegen alle Schätze der Weisheit und Erkenntnis verborgen.

Mit diesem Gesetz haben wir den Generalschlüssel für unser Leben in der Hand. Damit ist in keiner Situation irgend ein Weg verschlossen. Das „Geht nicht", gibt es nicht. In Ausweglosigkeiten und Sackgassen erschließen sich darin Horizonte. Da ist es möglich, dass von heute auf morgen alles anders werden kann. Mit diesem Schlüssel kommt Vollkommenes in müde Gewordenes. Die ganzen menschlichen Schwachheiten und Unmöglichkeiten, die uns ständig zu schaffen machen, enden nicht im Frust, sondern werden darin erquickt. Dieses Gesetz ist die Mund-zu-Mund-Beatmung, wenn das Herz stillsteht.

Wir haben den Generalschlüssel in der Tasche, schließen wir damit auf?

Ich brauche Mut

„Ich will zu Gott rufen, und der Herr wird mir helfen Ps 55,17

Geholfen wird uns dort, wo ein anderer zupackt. Wo wir mit unserer Weisheit am Ende sind, muss ein Spezialist her. Mit jedem Problem das wir haben, suchen wir einen, der sich damit auskennt. – Gelbe Seiten, machen das Leben leichter. Das haben wir gelernt, bei jedem Auto, das Öl verliert, beim Computer, der beim Hochfahren einen schwarzen Bildschirm zeigt. Gott hat einen 24/7/365-Service. Wo Wunder geschahen, dass ein Blinder wieder sehen konnte, ein Gelähmter wieder aufstand, ging zuvor von Jesus die Frage aus: Was ist es, dass ich dir tun soll? Es ist die alles entscheidende Frage, die in alle Müdigkeit, Verzweiflung und Ausweglosigkeit hineinfällt. Da ist einer ganz Ohr und will von uns hören, wo's klemmt. Gott steht in hab Acht-Stellung, dass von uns ein Mucks kommt. Da wartet ein Strahlen für glasige Augen. Da steht das Adrenalin für die innere Müdigkeit bereit. Da will einer Verblasstes entzücken und schwierigste Hürden bezwingbar machen. Er will die unsichtbaren Pfade unserer Bestimmung aufleuchten lassen. Er will das Heil der Armseligkeit sein.

Jesus fragt: Was soll ich dir tun? Genau das, was uns am meisten zu schaffen macht, will er zu sich in Beziehung setzen. Es geht nicht darum, Erziehungsprobleme mit Kindern zu beklagen und unter den Lasten zu stöhnen, sondern sie zu benennen und im Glauben vor Gott tragen. Er will nicht hören unter was wir leiden, sondern was wir genau wollen. Nicht: Es belastet mich, dass um mich herum alles dunkel ist, sondern ich will sehen können! Ich will wissen, wie meine Tochter tickt, um mit ihr klar zu kommen. Ich will Mut, um Probleme in unserer Gemeinschaft offen anzusprechen. Gott will wissen, was er tun soll. Damit beginnt Glaube.

Was soll er heute ganz konkret für uns tun?

Tausche Angst in Vertrauen

Ich bin der Herr, der das Recht liebt und Raub und Unrecht hasst. Jes 61,8

Da war einmal ein Zollbeamter in Jericho, so ein ausgekochtes, neureiches Schlitzohr. Der hatte anderen Säckeweise das Geld aus der Tasche gezogen. Zachäus steht für die Gier eines Halsabschneiders. Er steht für die nackte Angst ich könnte zu kurz kommen und muss mir Sicherheiten an Land ziehen, um jeden Preis. Um überleben zu können, dürfen andere ruhig in die Knie gehen. Wo der Unglaube zum Himmel schreit, feiert der Egozentriker Auferstehung. Wenn das Vertrauen in das Leben, das Vertrauen in Gott schwindet, wird der Mensch zur Hyäne.

Zachäus war in der Tiefe nicht glücklich mit seiner Raffgier. Er wollte Jesus sehen und stieg auf einen Baum, um die Menschenmassen zu überblicken. Diese Gier nach Leben stieß auf Jesus, der darauf reagierte. Diese Begegnung legte einen Schalter um. Die Angst, die alles an sich raffte, wurde zu der Erfahrung – ich habe mit Christus ein neues Lebensgefühl. Ich stehe nicht mehr auf der Seite der Verknappung, sondern auf der Seite des Habens. Ich stehe im Kapitalmarkt Gottes. Ich erlebe die Schöpfung, in der alle Regale voll sind. Ab jetzt brauche ich mich nicht mehr eigenhändig bereichern, da ich reich bin. Als er das in der Gegenwart von Christus erkennt, verwandelt sich sein haben-wollen, in geben-können. Weil ich im Reichtum Gottes stehe, kann ich die Hälfte, von dem was ich habe, den Bedürftigen geben und allen, die ich übers Brett gezogen habe, zahle ich vierfach zurück. Ein Gauner wird zu einem Wohltäter.

Wenn Gott der Herr ist, brauche ich nicht auf Kosten anderer leben, weil der Glaube erkennt, dass im Angesicht aller Feinde der Tisch reichlich gedeckt ist. In der Christusbegegnung werden von Raffgierigen zu wohltuenden Gebern. Das macht die Welt gerechter, die Gott liebt.

Welcher Angst könnte ich heute mehr Vertrauen an die Hand geben?

Sei wortmächtig

Herr, steh auf, dass nicht Menschen die Oberhand gewinnen. Ps 9,20

Welch Elend entsteht, wenn Menschen die Oberhand gewinnen, erleidet gerade die Zivilbevölkerung in Syrien. Da werden offene Hände nicht zum Erschaffen ausgestreckt, sondern geballte Fäuste, um zu erniedrigen. Um Einfluss auf das Denken und die Gesinnung von Menschen zu nehmen, braucht es wesentlich stärkere Kräfte als Waffen.

Die Hand über uns, kann entweder segnen oder erdrücken. Alles Darüber ist mächtiger als wir. Daher gilt es scharf zu prüfen, wer die Macht über uns ausüben darf. Der Psalmbeter macht hier einen klaren Schnitt. Oberhand kann nur der haben, der wirklich oben ist. Herr, steh auf! Gott, nur wenn deine Hand über mir steht, kann ein Darunter gelingen. Die Einflussnahme aus deinem Darüber kann mich retten. Wo Menschen in meinem Leben anfangen zu bestimmen, ist das nicht gut. Die Oberhand kann nur die Schöpferhand sein. Wenn Gott aufsteht, steht das Wort auf, das gesagt hat: Es werde! Es steht der Christus aus dem Sterben auf. Da kommt die ganze schöpferische Überwindungskraft in Bewegung. Diese Kraft will die Oberhand gewinnen.

Jeden Tag neu geht es um die Frage: Von wem oder was lasse ich mich beeinflussen? Damit entscheidet sich vom ersten Augenblick, wie der Tag wird. Unser Glaube und unsere Gedanken gestalten das, was uns ausmacht. Wenn die Angst die Oberhand gewinnt, wird der Tag ängstlich verlaufen. Wo Sorgen uns bestimmen, werden wir die Sorgen nicht mehr los. Der Ärger, der uns beeinflusst, wird uns auffressen. Was die Oberhand hat, bestimmt uns. Wir haben es in der Hand, was uns bestimmt. Wo wir dem Wort Raum geben, werden Schöpferkräfte in uns mächtig. Unter diesem Wort werden unterdrückende Hände zu segnenden Händen.

Wem geben wir die Macht, über uns zu herrschen?

Termin mit der Stille

Der Herr ist in seinem heiligen Tempel. Es sei stille vor ihm alle Welt! Hab 2,20

In Stille sein ist für viele, die ein straffes Tagespensum haben, purer Stress. Mancher denkt, das kann ich mir bei meinem Programm nicht erlauben. Das ist doch zu viel unproduktive Zeit, die ich viel sinnvoller nutzen kann. Als hyperaktiver Mensch gehöre ich oft auch zu denen. Für unsere schweigende Gott-Vater-Glocke steht in absehbarer Zeit eine besondere Spendenkampagne an, bei der die Kreissparkasse einen beachtlichen Beitrag leisten will. Dazu muss unser ganzes Spendenkonzept überdacht, strukturiert und punktgenau erfasst werden. Nun bin ich jemand, der schnell loslegt, wenn es etwas anzupacken gilt. Doch in diesem Fall machte ich etwas, was ich mir selten gönne. Die ersten Gedanken habe ich aufgeschrieben und dann lieferte ich mich einfach der Stille aus. Nach kurzer Zeit kribbelte es furchtbar in mir und ich wollte die Stille abbrechen. Doch ich ließ meinen Atem ruhig werden und war bereit zu hören. Nach einer Weile erzählte die Glocke von ihrem Klang und was der bei Menschen auslöst. Ihr Klang will Menschen zum Klingen zu bringen. Sie übertönt Menschen, um ihnen ihre eigentliche Größe aufzuzeigen. In der Stille wurde mir die Glocke zur Stimme Gottes.

Stille ist ein heiliger Tempel. Man dringt in Geheimnisse ein, dic da sind, die jedoch keine Gelegenheit bekommen sich zu offenbaren. Wir sind eingehüllt in Weisheit. Die ganze Welt ruht in Stille. Wir ruhen in einem unendlichen Raum, der nur darauf wartet, dass er mit uns reden kann. Gott will reden. In uns will eine Stimme reden. Wir sind von heiligen Räumen umgeben. Da will ständig viel mehr aufsteigen als wir zulassen.

Wie bringen wir uns zum Schweigen, dass Heiliges zu uns reden kann?

Ein Geist will Gaben herauskitzeln

Ich will mein Angesicht nicht mehr vor ihnen verbergen;
denn ich habe meinen Geist über das Haus Israel ausgegossen, spricht der Herr. Hes 39,29

Normal studiert einer der Häuser entwirft Architektur. Wir bauten in unserer Anfangszeit ein Ordenshaus und ein Altenheim, dass von einem Architekten geplant wurde. Als es darum ging, die Lücke zwischen beiden Bauwerken zu schließen, besonnen wir uns auf unseren Namen „Kecharismai" – wir sind von Gott begabt und beschenkt. Der Prior segnete zwei Brüdern die Hände und sie entwickelten auf Zeichenbrettern Kirche und Theater. Ein gelernter Werkzeugmacher und ein Feinmechaniker. Sie entwarfen ein Millionenprojekt mit allen Plänen für die Prüfstatik. Wenn Fachleute heute durch die Häuser geführt werden kommt unter anderem die erstaunte Äußerung: Wozu habe ich Architektur studiert?

Wenn Gott seinen Geist ausgießt, werden Geheimnisse aufgeweckt. Unser Bildungssystem macht aus uns hochgradige Spezialisten, doch von allem was wir nicht gelernt haben, lassen wir die Finger weg. Gott pfeift auf das, was wir gelernt haben. Er deckt Verborgenes auf. Der Geist geht ans Eingemachte. Bei dem was der Geist wachkitzelt ist es absolut uninteressant, was du dir denken kannst. Der Geist ist mehr als Fachwissen und Ausbildung. Wo Gott diesen Geist ausgießt, wird etwas im Menschen erschaffen. Da entsteht etwas, was menschlich nicht sein kann.

In dir liegt viel mehr als in deiner Biografie steht. Zum Wohle dieser Welt, will dieser Geist Schätze heben. Es wäre ärmlich, sich auf das bisher Gelernte festzulegen. Da sind Gaben, die das Miteinander befruchten wollen. Öffne dich dem Wirken des Geistes und halte alles für möglich.

Was blocke ich, wo der Geist eigentlich einen Schritt weitergehen will?

Sei ruhig unvernünftig

Mose sprach zu Gott: Wer bin ich, dass ich zum Pharao gehe und führe die Israeliten aus Ägypten? Gott sprach: Ich will mit dir sein. 2. Mose 3,11-12

Mose hat das Problem der meisten Menschen. Er bekommt eine große Aufgabe und hat die Hosen voll. Dabei ist die Bibel voll von scheinbaren Überforderungen. Bei Jeremia musste Gott gegen Ausreden kämpfen: Sage nicht: Ich bin zu jung. Noah hatte den Auftrag ein überdimensionales Schiff zu bauen. Und bei Mose heißt es: Geh mal schnell zu Trump und befreie mein Volk, das er noch unter der Knute hat. Ganz schön unverschämt, was Gott da verlangt. Mensch Gott, ich habe überhaupt nicht das Zeug, mit einem hochkarätigen Staatsmann zu verhandeln und ein Volk zu führen. Mose hat Real-Sinn und betrachtet nüchtern wer er ist und was er kann. Zwischen dem Auftrag, und dem, was er wirklich kann, liegen Welten. Und Gott sagt: Geh'! Ich werde das Kind schon schaukeln.

Wenn Gott sagt, geh', dann sind die Schuhe immer ein paar Nummern zu groß. Es spielt keine Rolle, welches Wissen, welche Ausbildung, welche Kapazitäten wir mitbringen. Wenn Gott beauftragt, heißt es nur glauben. Da geht viel mehr als wir uns je zutrauen. Da steht vielleicht am Anfang ein großes: O, Schreck lass nach, und dann geht's los. Wenn Gott beauftragt, haben wir keine Fragen zu stellen, keine Ausreden aufzutischen, sondern das Unmögliche zu wagen. Paulus sagt: Lass dir an meiner Gnade genügen, denn meine Kraft ist in den Schwachen mächtig. Wo wir auf das schauen, was wir können oder nicht, begrenzen wir uns auf unsere Schwachheit. Wo wir Vertrauen wagen, wachsen wir über uns hinaus. Wir haben nicht zu warten, bis wir kompetent genug sind, wir erlangen die Kompetenz in dem wir sie tun. Auf geheimnisvolle Weise bekommt der einen Gnaden-Zuschuss, der sich auf Unmögliches einlässt.

Wo liegen unsere Ausreden, große Aufgaben nicht anzupacken?

Bibelstellenregister

Veröffentlichungsverzeichnis

November 2019

Dezember 2019

Januar 2020

Februar 2020

März 2020

April 2020

Mai 2020

Juni 2020

Juli 2020

September 2020

Oktober 2020

Seminare der Blumenmönche

Sie begleiten dich, auf die alles entscheidende Stimme des Geistes zu hören.

Lerne wahrnehmen, lerne empfangen und erfahre, was dein Leben zum größten Segen macht.

Tagesseminare – Einkehrtage – Rüstzeiten im Kloster

Im Gästehaus des Klosters, im Seminarhaus der Blumenmühle oder bei Ihnen vor Ort.

www.ebk-blumenmönche.de

Du bist unschlagbar, wenn du willst, was Gott will

Das Geheimnis eines Lebens ist es, jenen Ruf zu hören, der dein Leben aus den Angeln hebt.

Es ist der Ruf, der sagt:

- Du Schafhirte, geh mal zu Pharao und befreie mein Volk aus der Gefangenschaft.
- Baue mal eine gigantische Arche in der Wüste, in der alle Tiere Platz haben.
- Folge mal dem außergewöhnlichen Stern, der dir zeigt, was in dir geboren werden will.
- Hab keine Angst, du wirst den Befreier aller Menschen zur Welt bringen.
- Baue mal mit einer Schubkarre und zwei Spaten ein Sakralzentrum und ein Altenheim.
- Hänge deinen Schreiner an den Nagel und gehe ins Kloster.
- Zeichne als Werkzeugmacher ein Theater und eine Kirche und gebe es an die Prüfstatik.

Öffne dich dem Unmöglichen, dem, was sich kein Mensch vorstellen kann und du in keinem Lehrbuch lernen kannst. Sei bereit für eine Erfahrung, wo eine Stimme sagt: „Schluss mit Fische fangen, ich will dich zum Menschenfischer machen."

Finde deine Berufung

Hinter deinem Leben ist eine viel größere Bestimmung, als du sie gewöhnlich wahrnimmst. Über dir hat einer gesprochen: Ich habe dich gewollt, erwählt und geliebt, du bist heilig.

Papst Johannes Paul II sagte: Hab keine Angst dem Ruf Christi zu vertrauen!

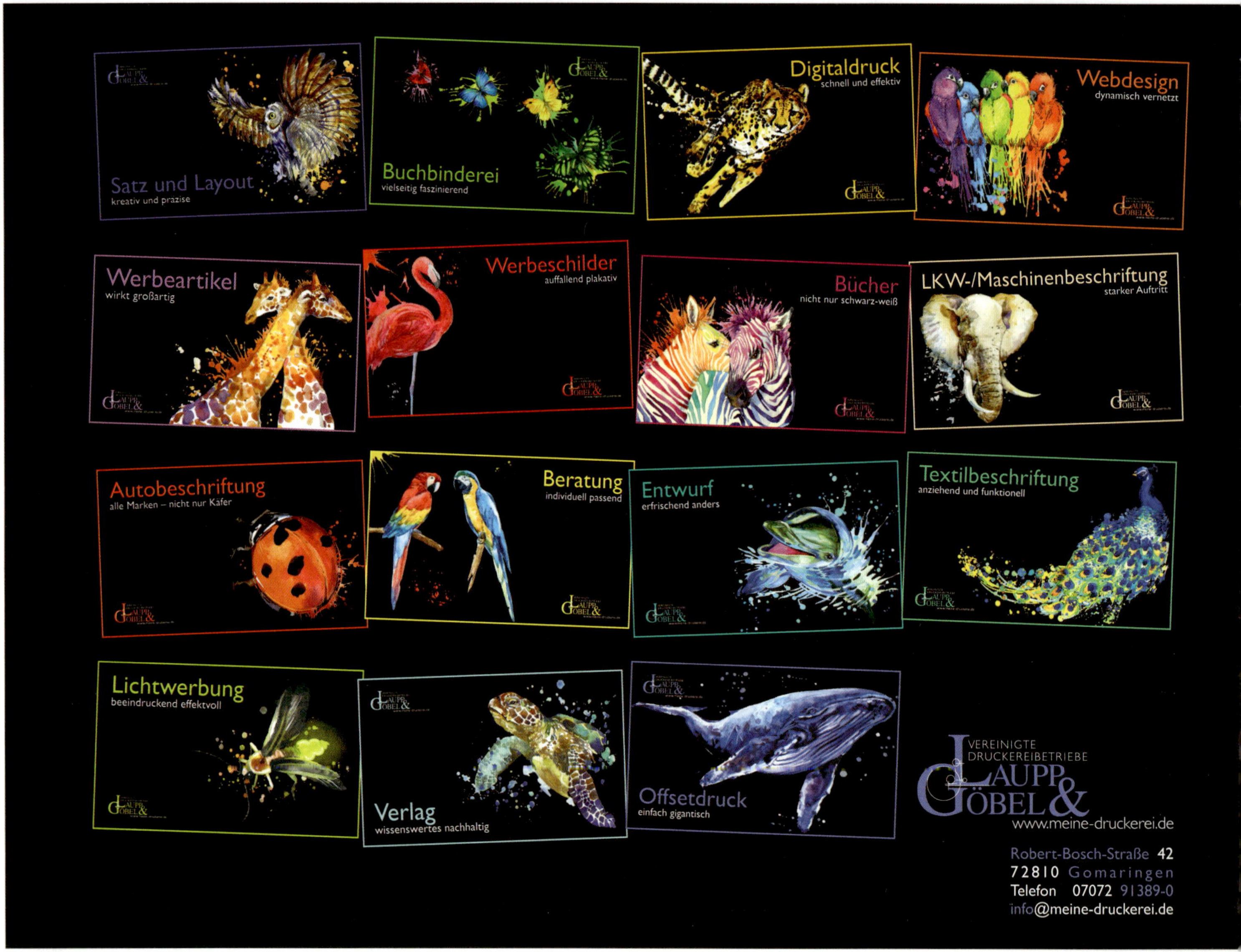
Satz und Layout
kreativ und präzise
Buchbinderei
vielseitig faszinierend
Digitaldruck
schnell und effektiv
Webdesign
dynamisch vernetzt
Werbeartikel
wirkt großartig
Werbeschilder
auffallend plakativ
Bücher
nicht nur schwarz-weiß
LKW-/Maschinenbeschriftung
starker Auftritt
Autobeschriftung
alle Marken – nicht nur Käfer
Beratung
individuell passend
Entwurf
erfrischend anders
Textilbeschriftung
anziehend und funktionell
Lichtwerbung
beeindruckend effektvoll
Verlag
wissenswertes nachhaltig
Offsetdruck
einfach gigantisch
VEREINIGTE DRUCKEREIBETRIEBE
LAUPP & GÖBEL
www.meine-druckerei.de
Robert-Bosch-Straße 42
72810 Gomaringen
Telefon 07072 91389-0
info@meine-druckerei.de